5.-7. Schuljahr

Hans-J. Schmidt

Basisfertigkeit Zeichnen – Geometrie

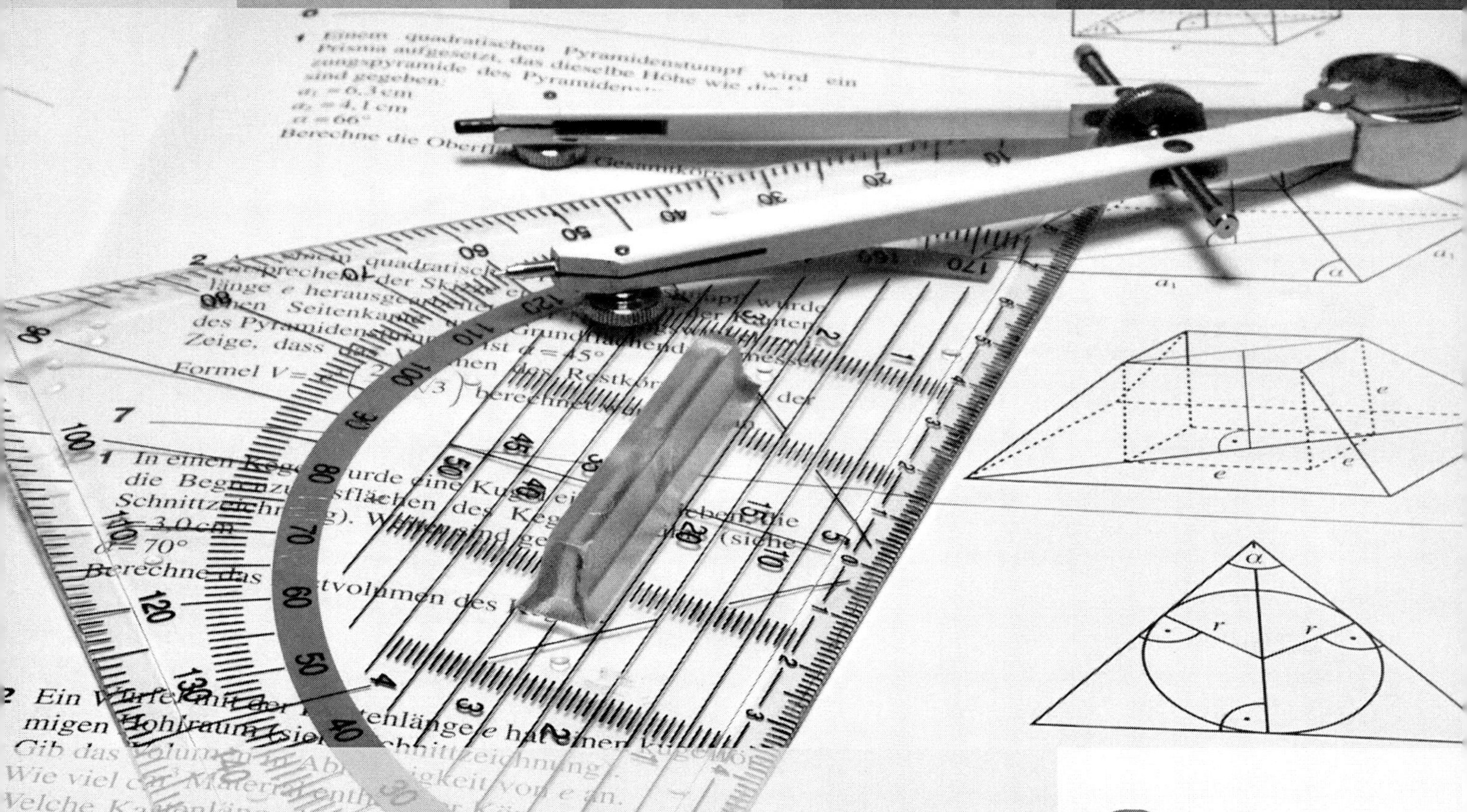

Spiegeln, Parkettieren, Verschieben, Drehen ...

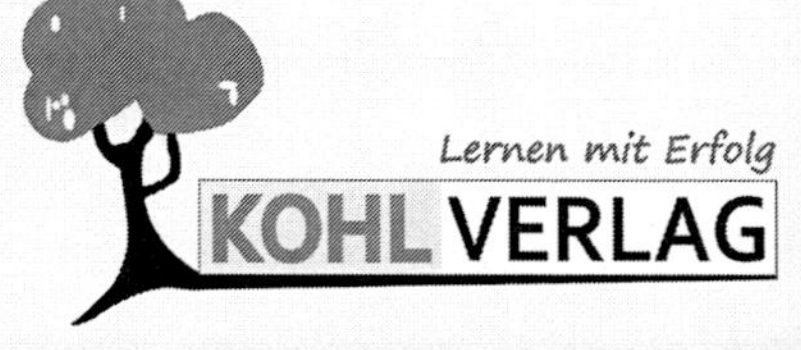

www.kohlverlag.de

Basisfertigkeit Zeichnen – Geometrie

Spiegeln, Parkettieren, Verschieben, Drehen ...

6. Auflage 2023

Inhalt: Hans-J. Schmidt
Coverbild: © anson tsui & FM2 - fotolia.com
Grafik & Satz: Kohl-Verlag
Druck: farbo prepress GmbH, Köln

Bestell-Nr. 11 896

ISBN: 978-3-96040-023-3

Inhalt

Basisfertigkeit Zeichnen – Geometrie
Spiegeln, Parkettieren, Verschieben, Drehen ... – Bestell-Nr. 11 896
Lernen mit Erfolg KOHL VERLAG

Vorbemerkungen

Geometrische Propädeutik in den Klassen 5, 6 und 7 der Sekundarstufe I beinhaltet u. a. die Themenbereiche Parkettierung, Spiegelung an Geraden, Verschiebungen und Drehungen. Dabei soll an die bereits vorhandenen Erfahrungen der Schülerinnen und Schüler angeknüpft werden. Tätigkeiten wie Falten, Schneiden und Zeichnen vermitteln geometrische Grundlagen, die im Übrigen nicht definiert, sondern durch Modelle veranschaulicht werden sollen.
Das Geodreieck soll dabei neben Zirkel und Lineal verwendet werden.
Ein Großteil der Mathematikbücher dieser Klassenstufen behandelt diese Themenbereiche allerdings ziemlich "kopflastig", um nicht zu sagen "lieblos". Getrost kann man davon ausgehen, dass nur wenige Schüler und Schülerinnen in der Lage sind, vorgegebene Figuren aus ihrem Buch in ihr Rechenheft zu übertragen, geschweige denn, vorgegebene Figuren zu verschieben, zu spiegeln oder zu drehen. Hier muss verstärkt Übungsmaterial bereitgestellt werden, das durchaus im normalen Mathematikunterricht seinen Platz hat, aber auch in Vertretungsstunden, im Bereich der freien Arbeit oder der Hausaufgaben eingesetzt werden kann.
Gefördert werden soll aber nicht nur die Zeichenfertigkeit, die Vorlagen stellen gleichzeitig eine Konzentrationsübung im Bereich der Feinmotorik dar und sollen das Ausdauervermögen stärken.
Die vorliegende Mappe enthält 43 Kopiervorlagen zu den oben angegebenen Themenbereichen, wobei besonderer Wert darauf gelegt wurde, die Vorlagen, die das zeichnerische Vermögen der Schüler und Schülerinnen stärken sollen, der Altersstufe entsprechend motivierend zu gestalten.
Für die Klasse 5 eignen sich speziell die Vorlagen zum Ausmalen und zum Übertragen. Eventuell lassen sich noch mit leistungsstarken Klassen Verschiebungen durchführen. Alle anderen Vorlagen sind für die Klassen 6 und 7 einsetzbar, wobei natürlich bei komplizierten Figuren Hilfestellung geleistet werden muss. Für den Unterrichtenden empfiehlt es sich, Transparentpapier zur Verfügung zu haben, um Figuren zunächst durchzupausen, sie dann drehen, verschieben oder spiegeln zu können.
Zur Erstellung weiterer Vorlagen können die Leerschemata kopiert und entsprechend vorbereitet werden.

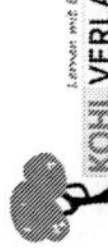

Male aus: 1 = gelb 2 = grün 3 = schwarz
4 = rot 5 = blau 6 = weiß 7 = braun

5	5	5	5	5	5	5	5	5	5	5	5	5	5	5	5	5	5	5	5	5	5	5	5	5	5	5	5	5	5
5	5	5	5	5	5	5	5	5	5	5	5	5	5	5	5	5	5	5	5	5	5	5	5	5	5	5	5	5	5
5	5	5	5	5	5	5	5	5	4	4	4	4	4	4	4	4	4	4	4	5	5	5	5	5	5	5	5	5	5
5	5	5	5	5	5	5	5	4	4	4	4	4	4	4	4	4	4	4	4	4	5	5	5	5	5	5	5	5	5
5	5	5	5	5	5	5	4	4	4	4	4	4	4	4	4	4	4	4	4	4	4	5	5	5	5	5	5	5	5
5	5	5	5	5	5	5	4	6	6	6	6	6	6	4	6	6	6	6	6	6	4	5	5	5	5	5	5	5	5
5	5	5	5	5	5	5	4	6	6	6	6	6	6	4	6	6	6	6	6	6	4	5	5	5	5	5	5	5	5
5	5	5	5	5	5	5	4	6	6	6	6	6	6	4	6	6	6	6	6	6	4	5	5	5	5	5	5	5	5
2	2	5	5	5	5	5	4	3	3	PICCADILLY									3	3	4	5	5	5	5	5	5	5	5
2	2	2	2	5	5	5	4	3	3									1	3	3	4	5	5	5	5	5	5	5	5
2	2	2	2	5	5	5	4	4	4	4	4	4	4	4	4	4	4	4	4	4	4	5	5	5	5	4	5	5	5
2	2	2	2	5	5	5	4	6	6	6	6	6	6	4	6	6	6	6	6	6	4	5	5	5	4	1	4	5	5
2	2	2	2	2	5	5	4	6	6	6	6	6	6	4	6	6	6	6	6	6	4	5	5	4	1	1	1	4	5
2	2	2	2	2	5	5	4	6	6	6	6	6	6	4	6	6	6	6	6	6	4	5	4	1	1	1	1	1	4
2	2	2	2	2	5	5	4	4	4	4	4	4	4	4	4	4	4	4	4	4	4	5	5	4	1	1	1	4	5
2	2	2	2	2	5	5	4	4	4	4	4	4	4	4	4	4	4	4	4	4	4	5	5	5	4	1	4	5	5
2	2	2	2	5	5	5	4	4	4	4	3	3	3	3	3	3	3	4	4	4	4	5	5	5	5	4	5	5	5
2	2	2	2	5	5	5	4	4	3	3	4	4	4	4	4	4	4	3	3	4	4	5	5	5	5	3	5	5	5
2	2	2	2	5	5	5	4	3	3	4	4	4	3	3	3	4	4	4	3	3	4	5	5	5	5	3	5	5	5
2	2	2	2	5	5	5	3	4	4	4	4	3	3	3	3	3	4	4	4	4	3	5	5	5	5	3	5	5	5
2	2	2	2	2	5	5	3	4	1	1	4	3	3	3	3	3	4	1	1	4	3	5	5	5	5	3	5	5	5
2	2	2	2	2	2	5	3	4	1	1	4	3	3	3	3	3	4	1	1	4	3	5	5	5	5	3	5	5	5
2	2	2	2	2	5	5	3	4	3	3	4	3	3	3	3	3	4	3	3	4	3	5	5	5	5	3	5	5	5
2	2	2	2	5	5	5	3	4	4	4	4	4	4	4	4	4	4	4	4	4	3	5	5	5	5	3	5	5	5
2	2	2	2	2	5	5	3	4	4	4	4	4	4	4	4	4	4	4	4	4	3	5	5	5	5	3	5	5	5
2	2	2	2	2	5	5	5	3	3	3	3	3	3	3	3	3	3	3	3	3	5	5	5	5	5	3	5	5	5
2	2	2	2	2	5	5	5	3	3	5	5	5	5	5	5	5	5	5	3	3	5	5	5	5	5	3	5	5	5
2	2	2	2	5	5	5	5	3	3	5	5	5	5	5	5	5	5	5	3	3	5	5	5	5	5	3	5	5	5
7	7	7	7	7	7	7	7	7	7	7	7	7	7	7	7	7	7	7	7	7	7	7	7	7	7	7	7	7	7
7	7	7	7	7	7	7	7	7	7	7	7	7	7	7	7	7	7	7	7	7	7	7	7	7	7	7	7	7	7

Basisfertigkeit Zeichnen – Geometrie
Spiegeln, Parkettieren, Verschieben, Drehen ... – Bestell-Nr. 11 896
KOHL VERLAG Lernen mit Erfolg

Male aus: 1 = grün 2 = schwarz 3 = gelb 4 = weiß
5 = rot 6 = blau 7 = grau 8 = braun

8	8	7	7	8	8	8	8	7	7	8	8	8	8	7	7	8	8	8	8	8	8	8	8	8	8	8	8	8	8
8	7			7	8	8	7			7	8	8	7			7	8	8	8	8	8	8	8	8	8	8	8	8	8
8	7			7	8	8	7			7	8	8	7			7	8	8	2	2	2	8	8	8	8	8	8	8	8
8	7		4	7	8	8	7		4	7	8	8	7		4	7	8	8	2	3	3	2	8	8	8	8	8	8	8
8	8	7	7	8	8	8	8	7	7	8	8	8	8	7	7	8	8	8	2	3	3	3	2	8	8	8	8	8	8
8	8	8	8	8	8	8	8	8	8	8	8	8	8	8	8	8	8	2	3	3	3	3	2	2	8	8	8	8	8
2	2	2	2	2	2	2	2	2	2	2	2	2	2	2	2	2	2	2	BVB				3	2	2	2	2	2	2
6	6	6	6	6	6	6	6	6	6	6	6	6	6	6	6	6	6	2				3	3	3	2	6	6	6	6
6	6	6	6	6	6	6	6	6	6	6	6	6	6	6	6	6	2	3	3	3	3	3	3	3	3	2	2	2	2
6	6	6	6	6	6	6	6	6	6	6	6	6	6	6	6	6	2	3	3	3	3	3	3	3	2	2	6	6	6
6	6	6	6	6	6	6	6	6	6	6	6	6	6	6	6	6	2	3	3	3	3	3	2	2	6	6	6	6	6
6	6	6	6	6	6	6	8	8	8	8	6	6	6	6	6	2	2	2	2	2	2	2	6	6	6	6	6	6	6
5	5	5	5	5	5	8	8	8	8	8	8	5	5	5	5	2	6	6	6	6	6	6	6	6	6	6	6	6	6
5	5	5	5	5	8	8	8	8	8	8	8	8	5	5	5	2	5	6	6	6	6	6	6	6	6	6	6	6	6
5	5	5	5	8	8	8	8	8	8	8	8	8	8	5	2	5	5	5	6	6	6	6	6	6	6	6	6	6	6
4	4	4	4	8	8	8	8	8	8	8	8	8	8	4	2	5	5	5	5	6	6	6	6	6	6	6	6	6	6
1	4	1	1	8	8	8	8	8	8	8	8	8	8	1	2	4	5	5	5	5	6	6	6	6	6	6	6	6	6
1	4	1	1	8	8	8	8	8	8	8	8	8	8	1	1	4	4	5	5	5	5	6	6	6	6	6	6	6	6
1	4	1	1	8	8	8	8	8	8	8	8	8	8	1	1	1	4	4	5	5	5	5	6	6	6	6	6	6	6
1	4	1	1	1	8	8	8	8	8	8	8	8	1	1	1	1	1	4	4	5	5	5	5	6	6	6	6	6	6
1	1	4	1	1	1	8	8	8	8	8	8	1	1	1	1	1	1	1	4	4	5	5	5	5	6	6	6	6	6
1	1	4	1	1	1	1	8	8	8	8	1	1	1	1	1	1	1	1	1	4	4	5	5	5	5	6	6	6	6
1	1	4	1	1	1	1	1	1	1	1	1	1	1	1	1	1	1	1	1	1	4	4	5	5	5	5	6	6	6
1	1	1	4	1	1	1	1	1	1	1	1	1	1	1	1	1	1	1	1	1	1	4	4	5	5	5	5	6	6
1	1	1	4	1	1	1	1	1	1	1	1	1	1	1	1	1	1	1	1	1	1	1	4	4	5	5	5	5	6
1	1	1	1	4	1	1	1	1	1	1	1	1	1	1	1	1	1	1	1	1	1	1	4	4	4	5	5	5	5
1	1	1	1	1	4	1	1	1	1	1	1	1	1	1	1	1	1	1	1	1	1	4	1	1	4	4	5	5	5
1	1	1	1	1	1	4	4	1	1	1	1	1	1	1	1	1	1	1	1	4	4	1	1	1	1	4	4	5	5
1	1	1	1	1	1	1	1	4	4	4	4	1	1	1	1	1	4	4	4	1	1	1	1	1	1	1	4	4	5
1	1	1	1	1	1	1	1	1	1	1	1	4	4	4	4	4	1	1	1	1	1	1	1	1	1	1	1	4	4

Basisfertigkeit Zeichnen – Geometrie
Spiegeln, Parkettieren, Verschieben, Drehen ... – Bestell-Nr. 11 896
KOHL VERLAG

Male aus: 1 = grau 2 = gelb 3 = rot 4 =grün
5 = weiß 6 = schwarz 7 = blau 8 = braun

7	7	8	8	3	3	3	3	3	8	8	8	2	7	7	7	7	7	7	7	7	7	7	7	7	7	7	7	7	7
7	7	8	8	3	3	3	3	8	8	8	8	2	7	7	7	7	7	7	7	4	4	7	7	7	7	7	7	7	7
7	2	8	8	8	3	3	3	3	8	8	8	2	2	7	7	7	7	7	4	4	4	4	7	7	4	7	7	7	7
2	2	8	8	8	8	3	3	8	8	8	8	2	2	7	7	7	4	4	4	4	4	4	4	4	4	7	7	4	7
7	2	8	8	8	3	3	3	3	8	8	8	2	7	7	4	4	4	4	4	4	4	4	4	4	4	4	7	4	4
7	2	8	8	8	8	3	3	8	8	8	7	7	7	7	7	4	4	4	4	4	4	4	4	4	4	4	4	4	4
2	2	8	8	8	3	3	3	3	8	2	7	7	7	7	7	4	4	5	5	5	5	5	5	5	5	5	5	5	5
7	2	2	8	3	3	3	3	8	8	2	7	7	7	7	4	4	4	5	1	1	1	1	1	1	1	1	1	1	5
7	7	7	8	8	3	3	3	8	2	7	7	7	7	7	4	4	4	5	1	2	2	2	1	1	2	2	2	1	5
7	7	7	5	5	5	5	5	5	5	7	7	7	7	4	4	4	4	5	1	2	2	2	1	1	2	2	2	1	5
7	7	7	5	1	1	1	1	1	5	7	4	4	4	4	4	4	4	5	1	2	2	2	1	1	2	2	2	1	5
7	7	4	5	1	1	1	1	1	5	4	4	4	4	4	4	4	4	5	1	2	2	2	1	1	2	2	2	1	5
7	4	4	4	5	1	1	1	5	4	4	4	4	4	4	4	4	4	5	1	2	2	2	1	1	2	2	2	1	5
7	4	4	4	4	5	1	5	4	4	4	4	4	4	4	4	4	4	5	1	1	1	1	1	1	1	1	1	1	5
7	4	4	5	5	5	1	5	5	5	5	5	5	5	5	5	5	5	5	1									1	5
4	4	4	5	1	1	1	1	1	1	1	1	1	1	1	1	1	1	1	1	**WESTERN**								1	5
4	4	4	5	1	3	3	3	3	1	3	1	1	3	3	1	1	1	1	1	**RAILWAY**								1	5
4	4	4	5	1	1	1	3	1	1	3	1	3	1	1	3	1	1	1	1								5	1	5
4	5	4	5	1	1	3	1	1	1	3	1	1	1	1	3	1	1	1	1	1	1	1	1	1	3	3	3	1	5
4	5	4	5	1	3	3	3	1	1	3	1	1	1	3	1	1	1	1	1	5	5	5	5	1	1	3	3	1	5
4	5	5	5	1	1	1	1	3	1	3	1	1	3	1	1	1	1	1	5	1	1	1	1	5	1	1	3	1	5
4	5	4	5	1	1	1	1	3	1	3	1	3	1	1	1	1	1	5	1	1	1	1	1	1	5	1	1	1	5
4	5	4	5	1	3	1	1	3	1	3	1	3	1	1	1	1	5	1	1	1	1	1	1	1	1	5	1	1	5
4	4	4	5	1	1	3	3	1	1	3	1	3	3	3	3	1	5	1	1	1	1	1	1	1	1	5	1	1	5
4	4	4	5	1	1	1	1	1	1	1	1	1	1	1	1	1	5	1	1	1	1	1	1	1	1	5	1	1	5
4	4	4	5	5	5	5	5	5	5	5	5	5	5	5	5	5	5	1	1	1	1	1	1	1	1	5	5	5	5
4	4	4	4	5	1	1	1	1	1	5	4	4	4	4	4	4	4	5	1	1	1	1	1	1	5	4	4	4	4
4	4	4	4	4	5	1	1	1	5	4	4	4	4	4	4	4	4	4	5	1	1	1	1	5	4	4	4	4	4
4	4	4	4	4	4	5	5	5	4	4	4	4	4	4	4	4	4	4	4	5	5	5	5	4	4	4	4	4	4
6	6	6	6	6	6	6	6	6	6	6	6	6	6	6	6	6	6	6	6	6	6	6	6	6	6	6	6	6	6

Male aus: 1 = schwarz 2 = braun 3 = grün
4 = gelb 5 = rot 6 = blau

4	4	4	4	1	1	1	4	4	4	4	4	4	4	6	6	6	6	6	6	6	6	4	4	4	6	6	6	6	6
4	4	1	1	4	4	4	1	1	4	4	4	4	4	6	6	6	6	6	6	6	6	6	6	4	4	6	6	6	6
4	1	4	4	4	4	4	4	4	1	4	4	4	4	6	6	6	6	6	6	6	6	6	6	6	4	4	6	6	6
1	4	4	4	4	4	4	4	4	4	1	4	4	4	6	6	6	6	6	6	6	6	6	6	6		4	4	6	6
4	1	1	1	4	4	4	1	1	1	4	4	4	4	6	6	6	6	6	6	6	6	6	6	4			4	6	6
4	4	1	4	1	1	1	4	1	4	4	4	4	4	6	6	6	6	6	6	6	6	6	6	4			4	6	6
4	4	1	4	4	4	4	4	1	4	4	4	4	6	6	6	6	6	6	6	6	6	6	6	6	4	4	4	6	6
4	4	1	4	4	4	4	4	1	4	4	4	4	6	6	6	6	6	6	6	6	6	6	6	6	4	4	6	6	3
4	4	1	1	4	4	4	1	1	4	4	4	6	6	6	6	6	6	6	6	6	6	6	6	4	4	6	6	6	3
4	4	4	1	1	1	1	1	4	4	4	6	6	6	6	6	6	6	6	6	6	6	4	4	4	6	6	6	3	3
4	4	4	4	1	1	1	4	4	6	6	6	6	6	6	6	6	6	6	6	6	6	6	6	6	6	6	3	3	3
6	6	4	4	4	1	4	4	6	6	6	6	6	6	6	6	6	6	6	6	6	6	6	6	6	6	6	6	6	3
6	6	6	6	6	1	6	6	6	6	6	6	6	6	6	6	6	6	6	6	6	6	6	6	6	6	6	6	3	3
6	6	6	6	6	1	6	6	6	6	6	1	1	1	1	1	1	1	1	1	1	1	1	1	6	6	6	3	3	3
6	6	6	6	6	1	6	6	6	6	6	1	5	5	5	5	5	5	5	5	5	5	5	1	6	6	3	3	3	3
3	6	6	6	6	1	6	6	6	6	6	1	5	5	5	5	5	5	5	5	5	5	5	1	6	6	6	6	6	3
3	3	6	6	6	1	6	6	6	6	6	1	5	5	5	5	5	5	5	5	5	5	5	1	6	6	6	6	3	3
3	3	6	6	6	1	6	6	6	6	6	1	5	5	5	5	5	5	5	5	5	5	5	1	6	6	6	3	3	3
3	3	3	6	6	1	6	6	6	6	6	1	5	5	5	5	5	5	5	5	5	5	5	1	6	6	3	3	3	3
3	3	3	3	6	1	6	6	6	6	6	1	1	1	1	1	1	1	1	1	1	1	1	1	6	3	3	3	3	3
3	3	3	3	6	1	6	6	6	6	1	5	5	5	5	5	5	5	5	5	5	5	5	5	1	6	6	6	6	2
3	3	3	6	6	1	6	6	6	1	5	5	5	5	5	5	5	5	5	5	5	5	5	5	5	1	6	6	6	2
3	3	6	6	6	1	6	6	1	5	5	5	5	5	5	5	5	5	5	5	5	5	5	5	5	5	1	6	6	2
3	3	6	6	6	1	6	1	1	1	1	1	1	1	1	1	1	1	1	1	1	1	1	1	1	1	1	1	6	2
3	6	6	6	6	1	6	6	1	6	6	6	1	6	6	6	6	6	6	6	6	6	1	6	6	6	1	6	6	2
6	6	6	6	6	1	6	6	1	6	6	6	1	6	6	6	6	6	6	6	6	6	1	6	6	6	1	6	6	2
2	2	2	2	2	2	2	2	1	2	2	2	2	2	2	2	2	2	2	2	2	2	2	2	2	2	1	2	2	2
2	2	2	2	2	2	2	2	1	2	2	2	2	2	2	2	2	2	2	2	2	2	2	2	2	2	1	2	2	2
2	2	2	2	2	2	2	2	2	2	2	2	2	2	2	2	2	2	2	2	2	2	2	2	2	2	2	2	2	2
2	2	2	2	2	2	2	2	2	2	2	2	2	2	2	2	2	2	2	2	2	2	2	2	2	2	2	2	2	2

ÜBERTRAGEN / Teil 1

Übertrage in dein Heft. Dein Bild wird etwas kleiner werden, weil die Kästchen in deinem Heft kleiner sind. Male dein Bild farbig aus.

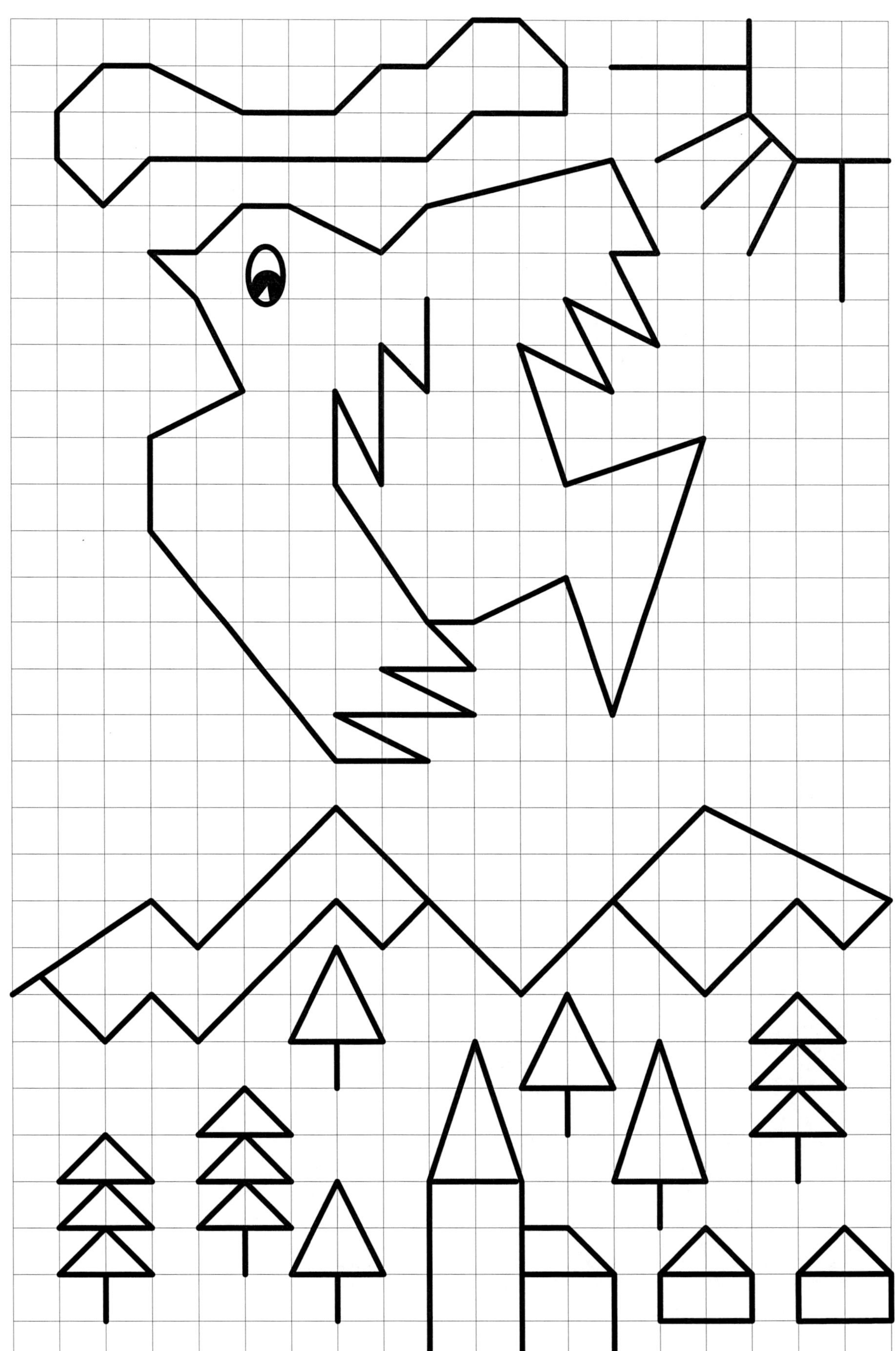

Übertrage in dein Heft. Dein Bild wird etwas kleiner werden, weil die Kästchen in deinem Heft kleiner sind. Male dein Bild farbig aus.

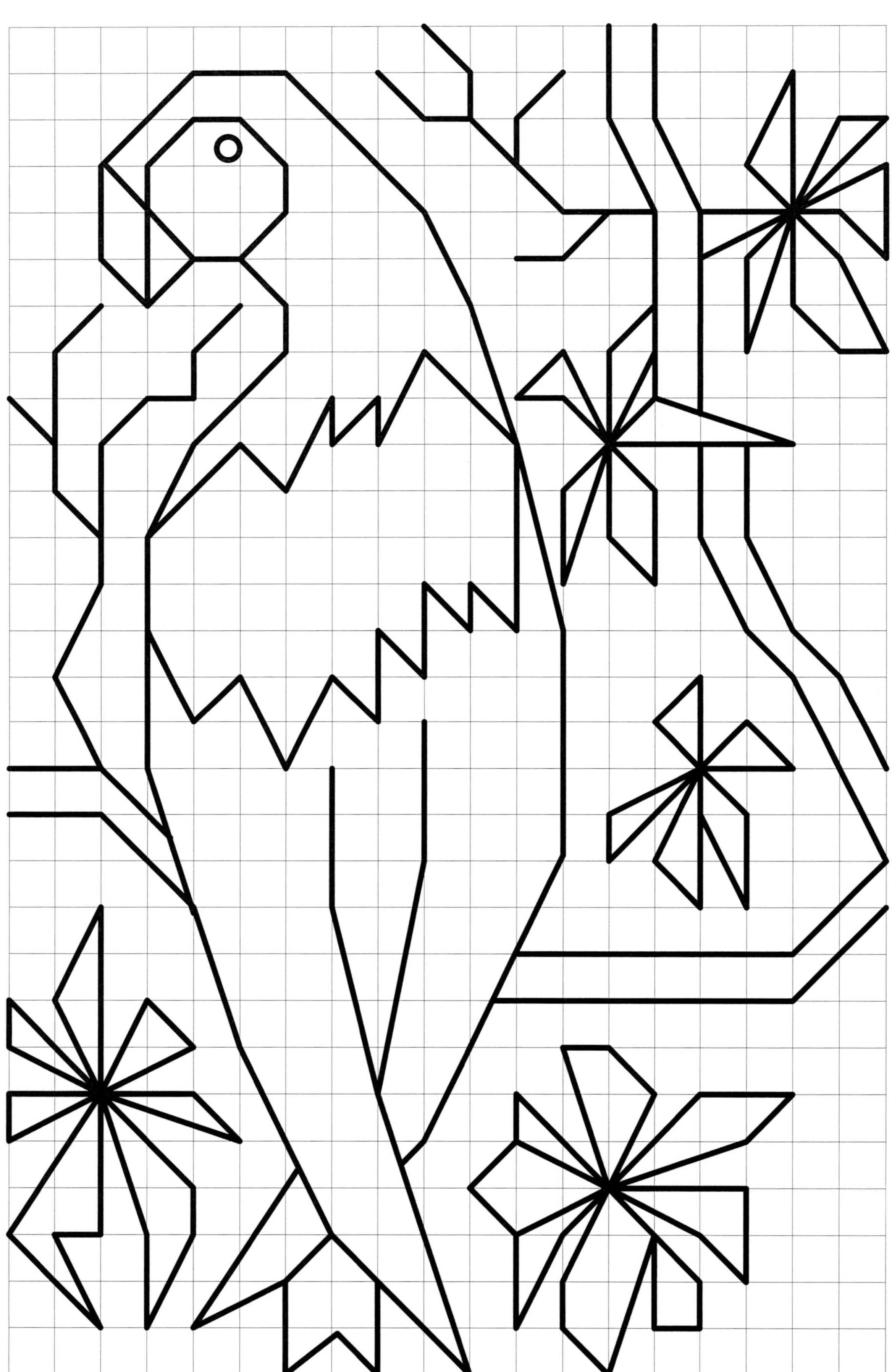

KOHL VERLAG Lernen mit Erfolg
Basisfertigkeit Zeichnen – Geometrie
Spiegeln, Parkettieren, Verschieben, Drehen ... – Bestell-Nr. 11 896

Übertrage in dein Heft. Dein Bild wird etwas kleiner werden, weil die Kästchen in deinem Heft kleiner sind. Male dein Bild farbig aus.

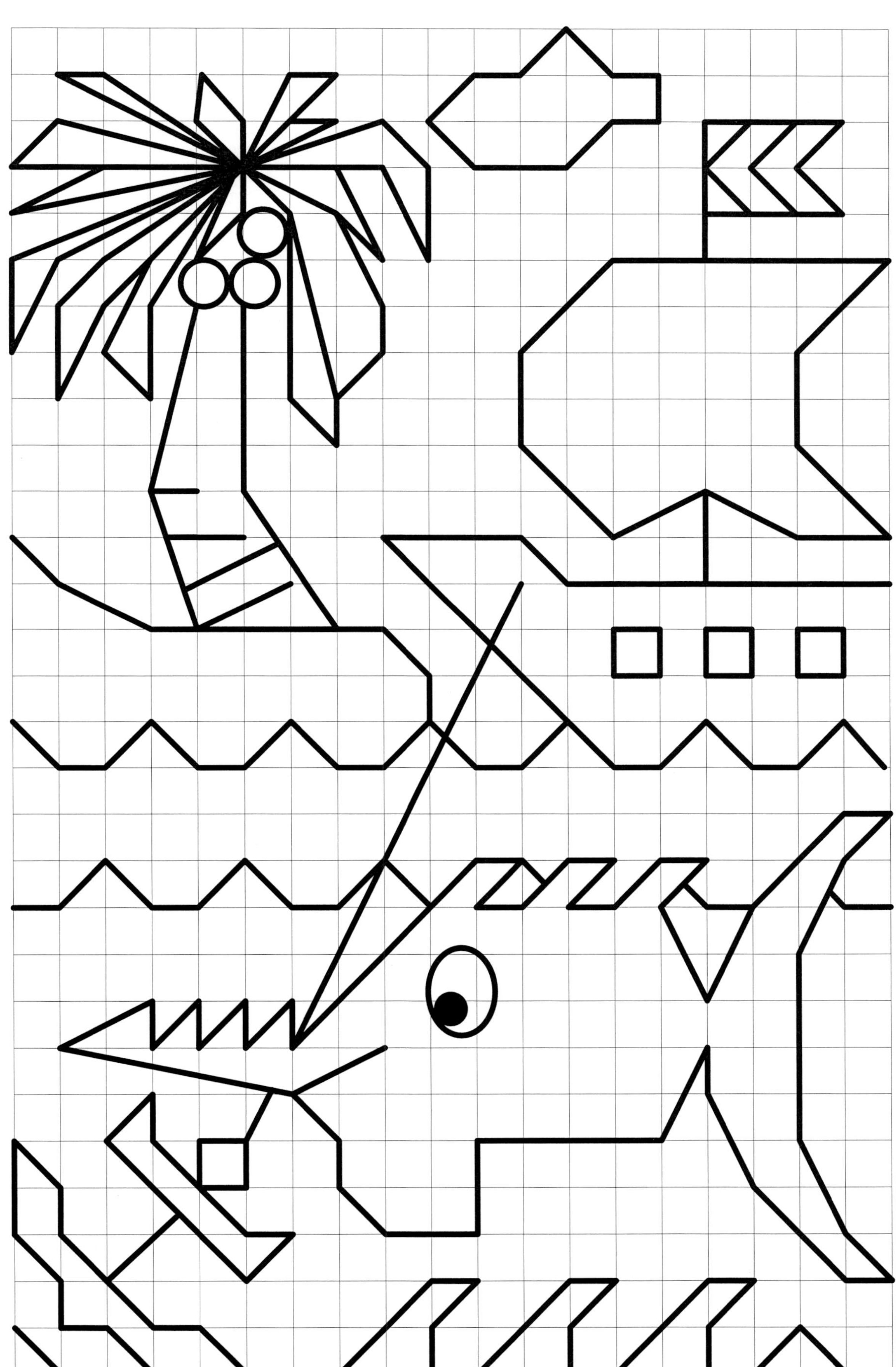

Übertrage in dein Heft. Dein Bild wird etwas kleiner werden, weil die Kästchen in deinem Heft kleiner sind. Male dein Bild farbig aus.

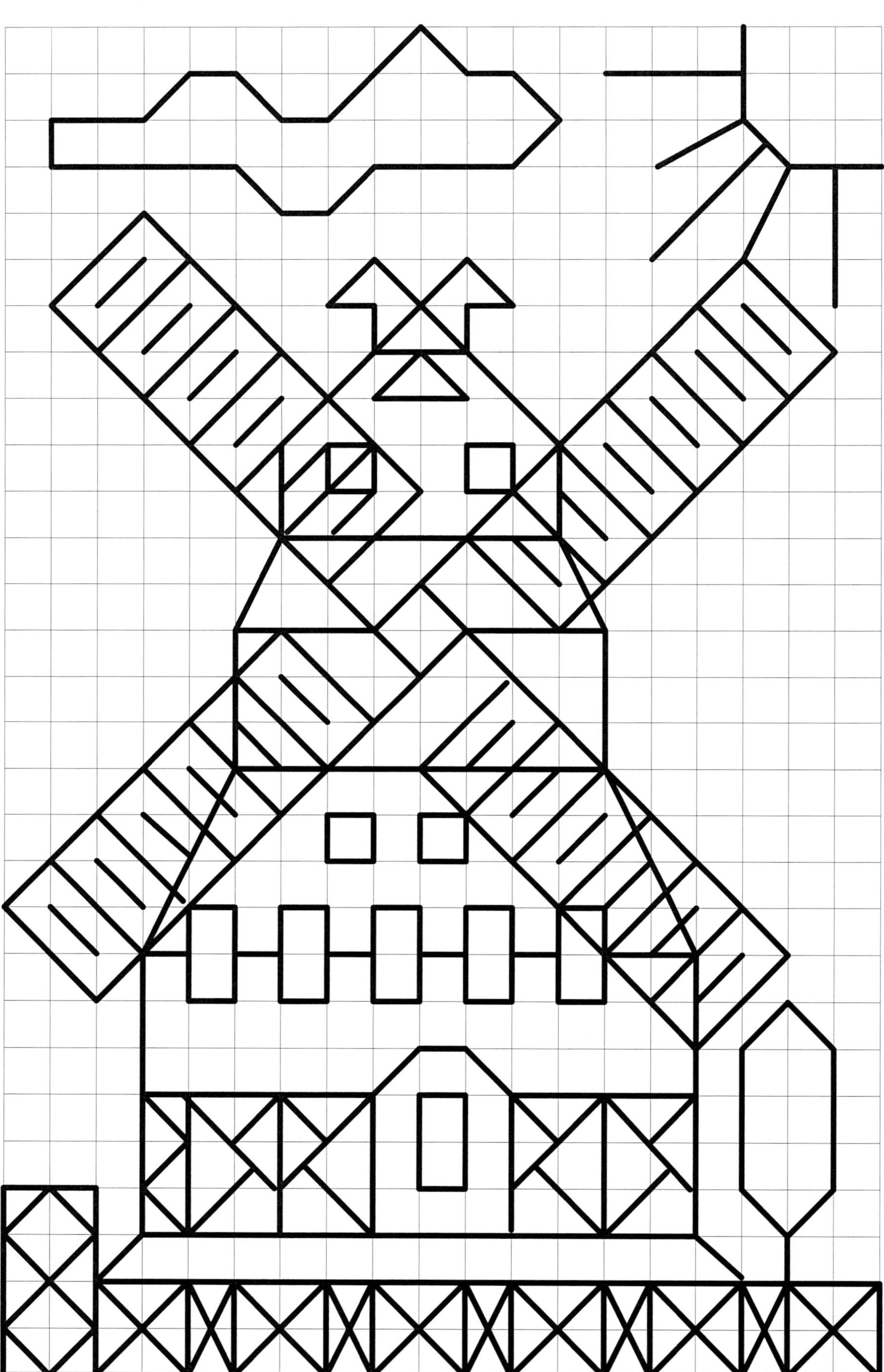

KOHL VERLAG Basisfertigkeit Zeichnen – Geometrie Spiegeln, Parkettieren, Verschieben, Drehen ... – Bestell-Nr. 11 896

VERKLEINERN

Verkleinere den Vogel um den Faktor 3. Benutze dafür die Farbe Rot. Der Punkt, von dem du ausgehen sollst, ist mit • gekennzeichnet. Das verkleinerte Auge habe ich dir schon vorgegeben.
Male dein Bild aus.

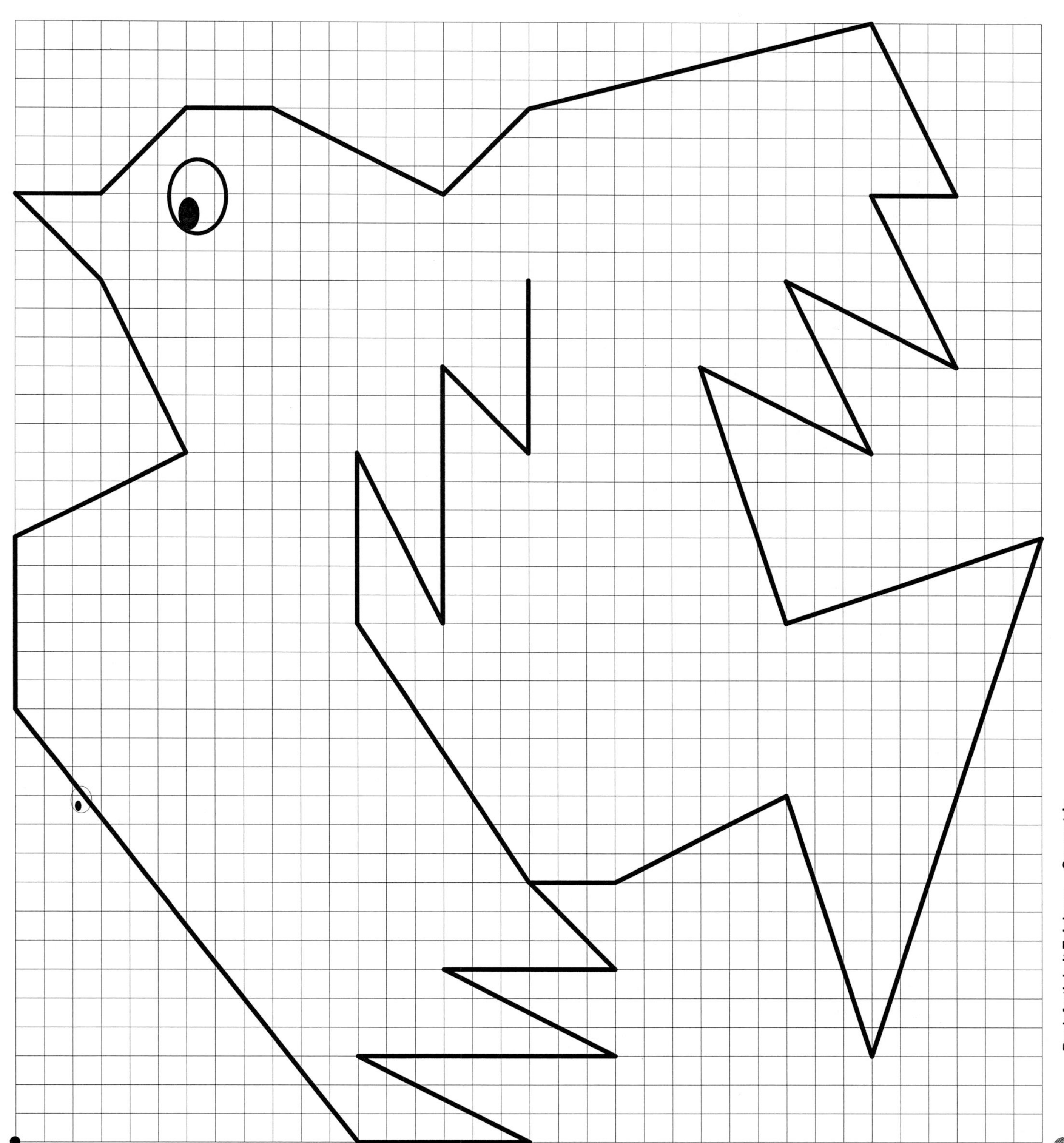

Verkleinere das Kamel um den Faktor 2. Benutze dafür die Farbe Rot. Der Punkt, von dem du ausgehen sollst, ist mit • gekennzeichnet. Das verkleinerte Auge habe ich dir schon vorgegeben.
Male dein Bild aus.

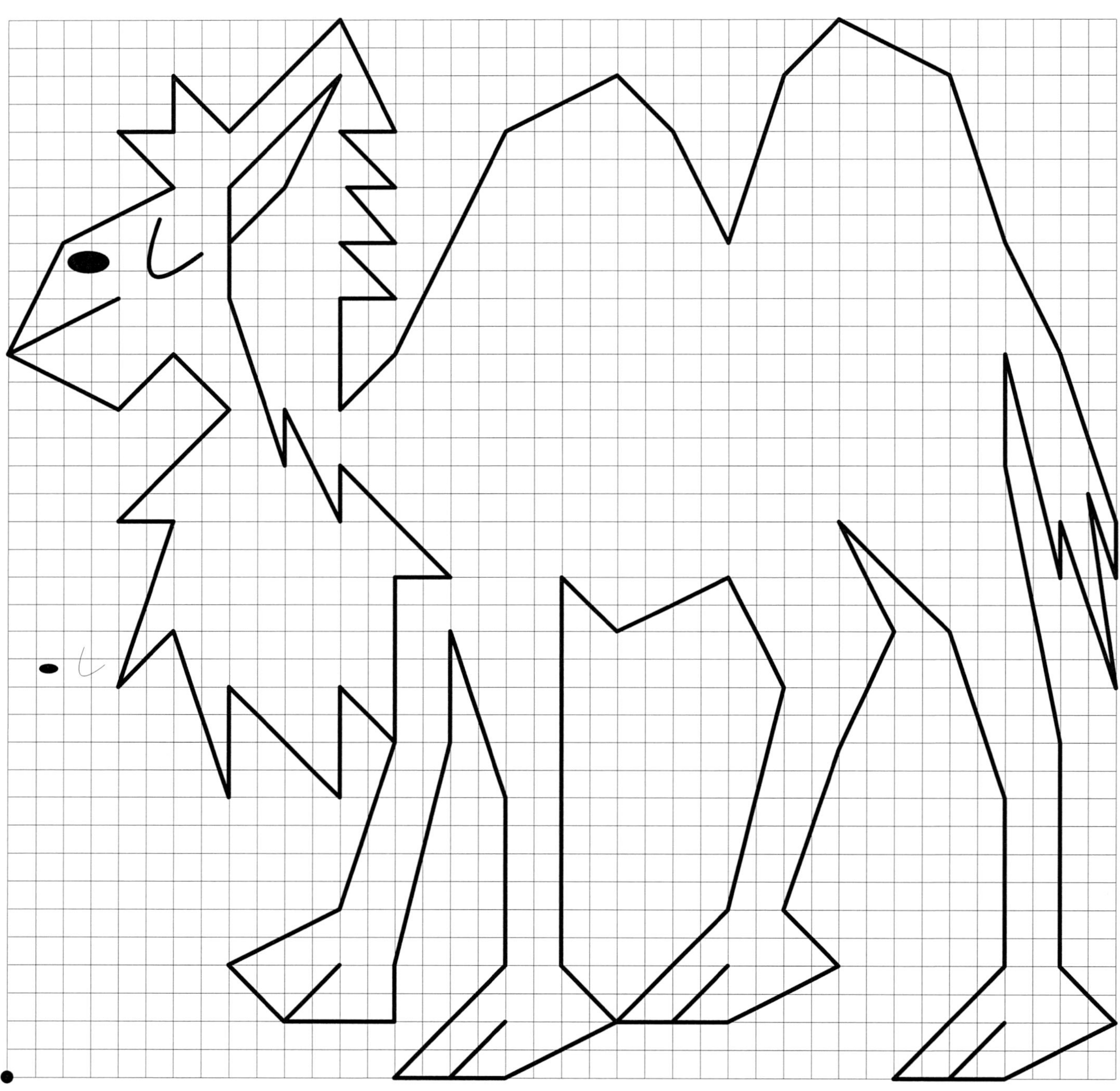

KOHL VERLAG Lernen mit Erfolg
Basisfertigkeit Zeichnen – Geometrie
Spiegeln, Parkettieren, Verschieben, Drehen ... – Bestell-Nr. 11 896

Verkleinere den Elefanten um den Faktor 2. Benutze dafür die Farbe Rot. Der Punkt, von dem du ausgehen sollst, ist mit • gekennzeichnet. Das verkleinerte Auge habe ich dir schon vorgegeben.
Male dein Bild aus!

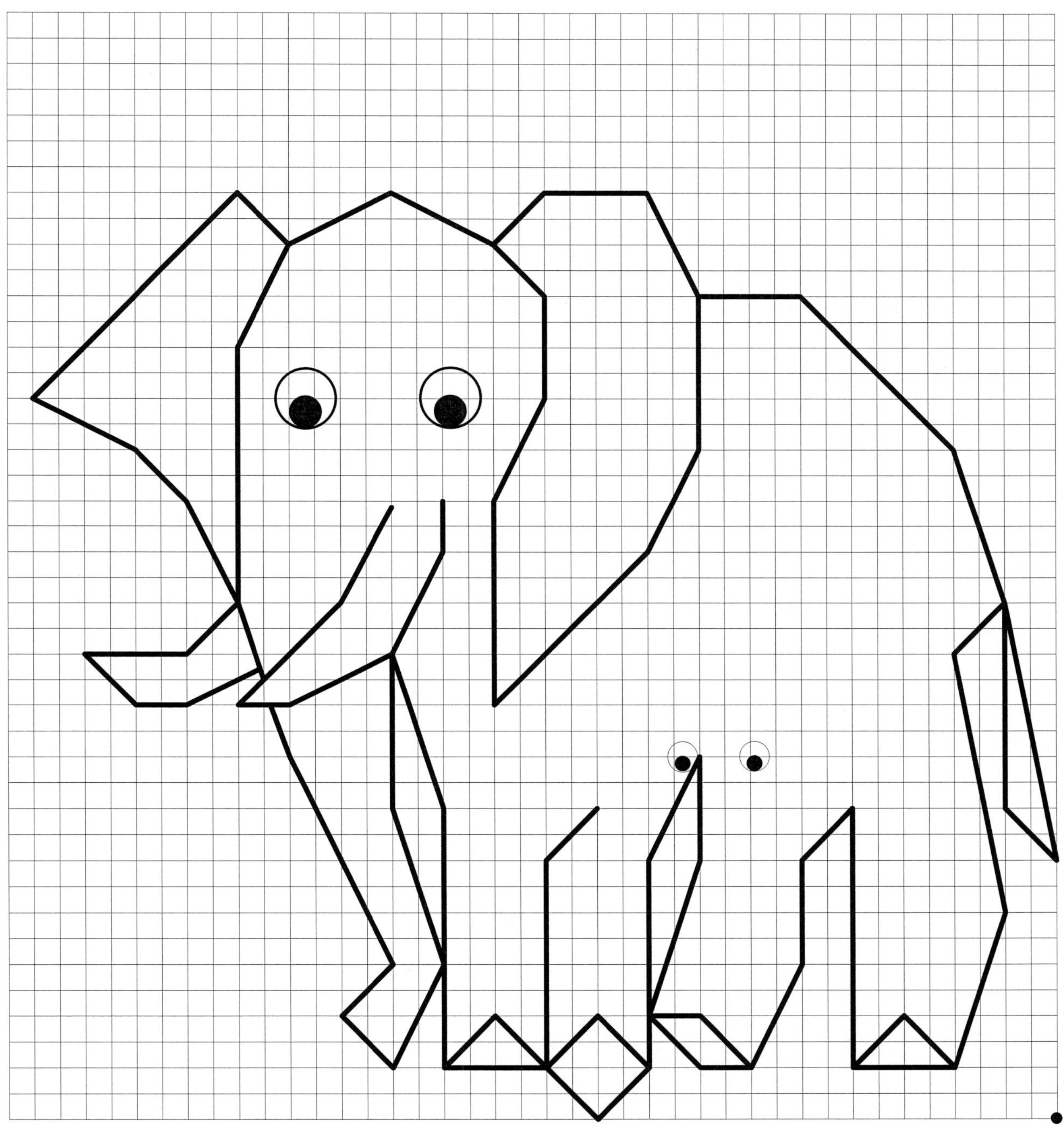

KOHL VERLAG Basisfertigkeit Zeichnen – Geometrie
Spiegeln, Parkettieren, Verschieben, Drehen ... – Bestell-Nr. 11 896

VERKLEINERN

Verkleinere das Schweinchen um den Faktor 2.
Benutze dafür die Farbe Rot.
Der Punkt, von dem du ausgehen sollst, ist mit • gekennzeichnet. Das verkleinerte Auge habe ich dir schon vorgegeben.
Male dein Bild aus.

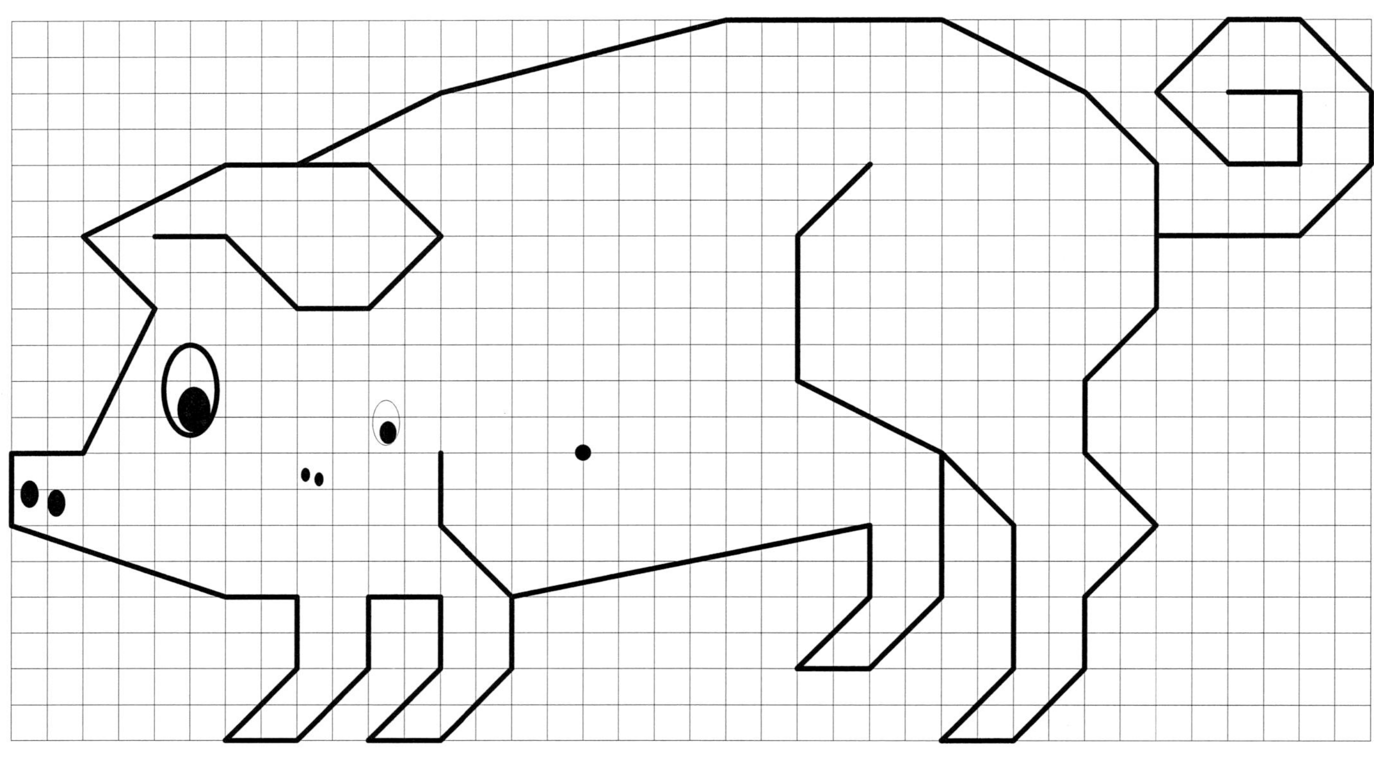

KOHL VERLAG Basisfertigkeit Zeichnen – Geometrie Spiegeln, Parkettieren, Verschieben, Drehen ... – Bestell-Nr. 11 896

VERGRÖSSERN

Vergrößere den Delfin um den Faktor 2. Benutze dafür die Farbe Rot.
Der Punkt, von dem du ausgehen sollst, ist mit • gekennzeichnet. Das vergrößerte Auge habe ich dir schon vorgegeben.
Male dein Bild aus.

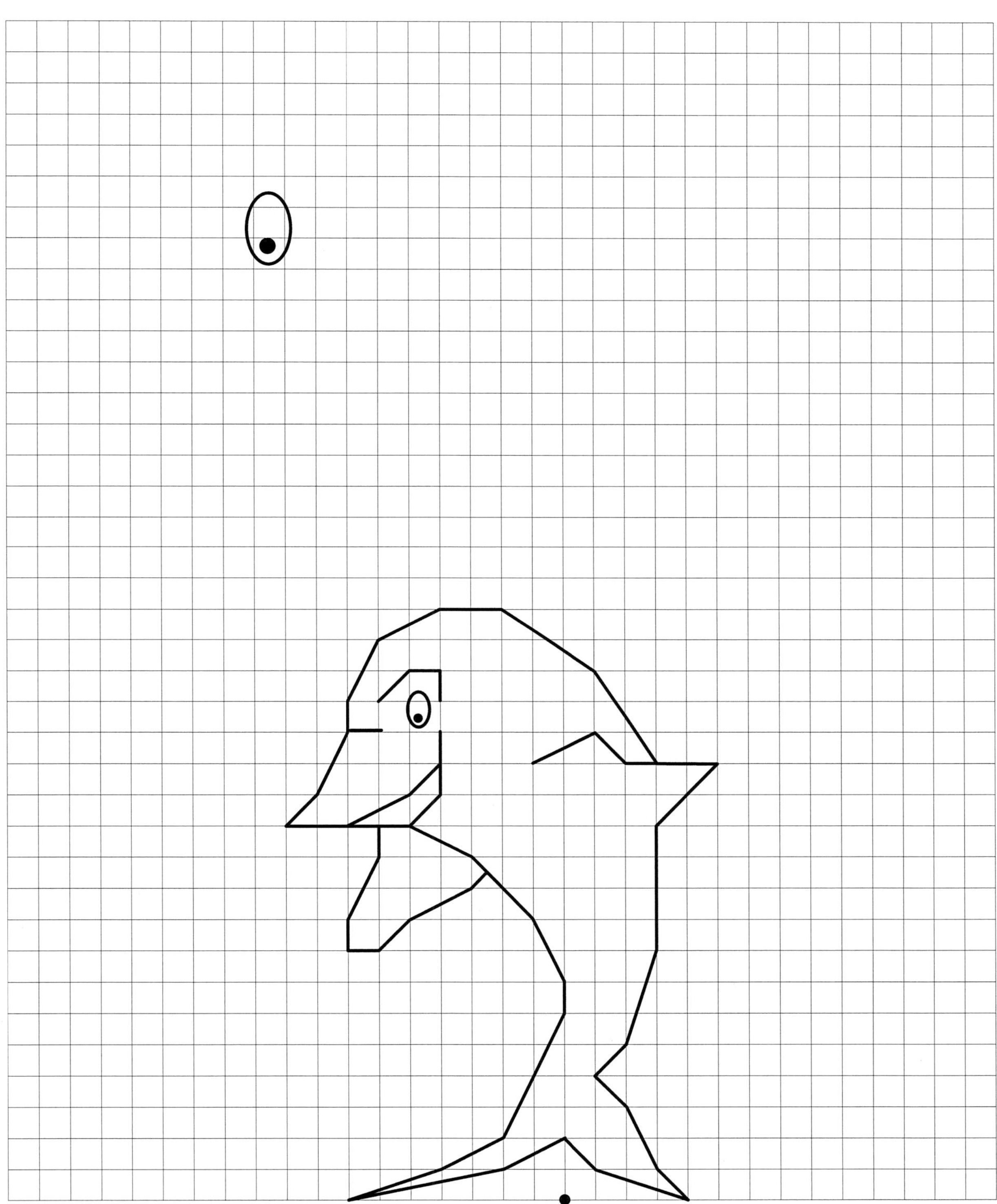

KOHL VERLAG Lernen mit Erfolg
Basisfertigkeit Zeichnen – Geometrie
Spiegeln, Parkettieren, Verschieben, Drehen ... – Bestell-Nr. 11 896

VERGRÖSSERN

Vergrößere das Nashorn um den Faktor 2. Benutze dafür die Farbe Rot. Der Punkt, von dem du ausgehen sollst, ist mit • gekennzeichnet. Die vergrößerten Augen und Nasenlöcher habe ich dir schon vorgegeben. Male dein Bild aus.

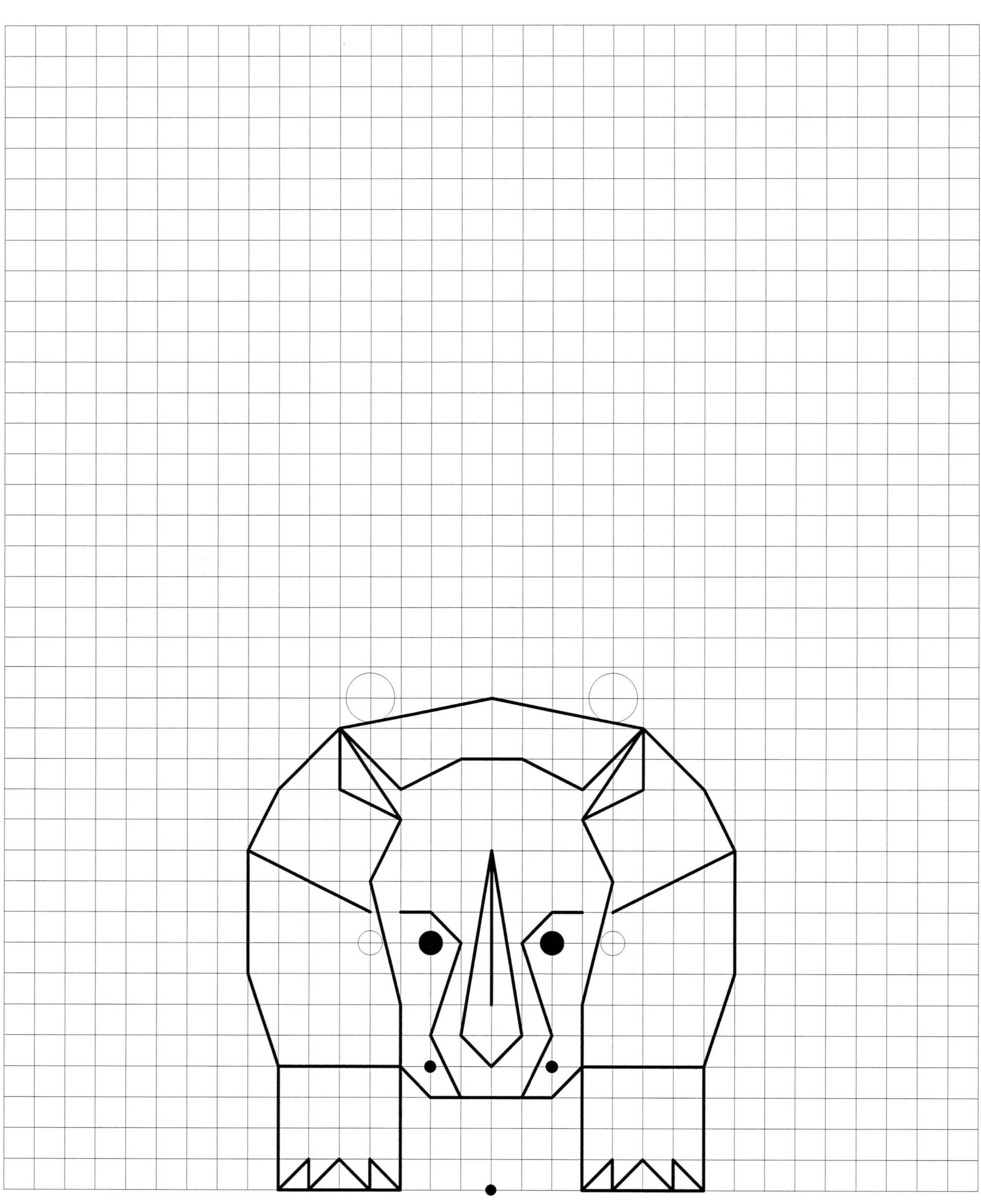

KOHL VERLAG Lernen mit Erfolg
Basisfertigkeit Zeichnen – Geometrie
Spiegeln, Parkettieren, Verschieben, Drehen ... – Bestell-Nr. 11 896

VERGRÖSSERN

Vergrößere das Walross um den Faktor 2. Benutze dafür die Farbe Rot. Der Punkt, von dem du ausgehen sollst, ist mit • gekennzeichnet. Die vergrößerten Augen habe ich dir schon vorgegeben.
Male dein Bild aus.

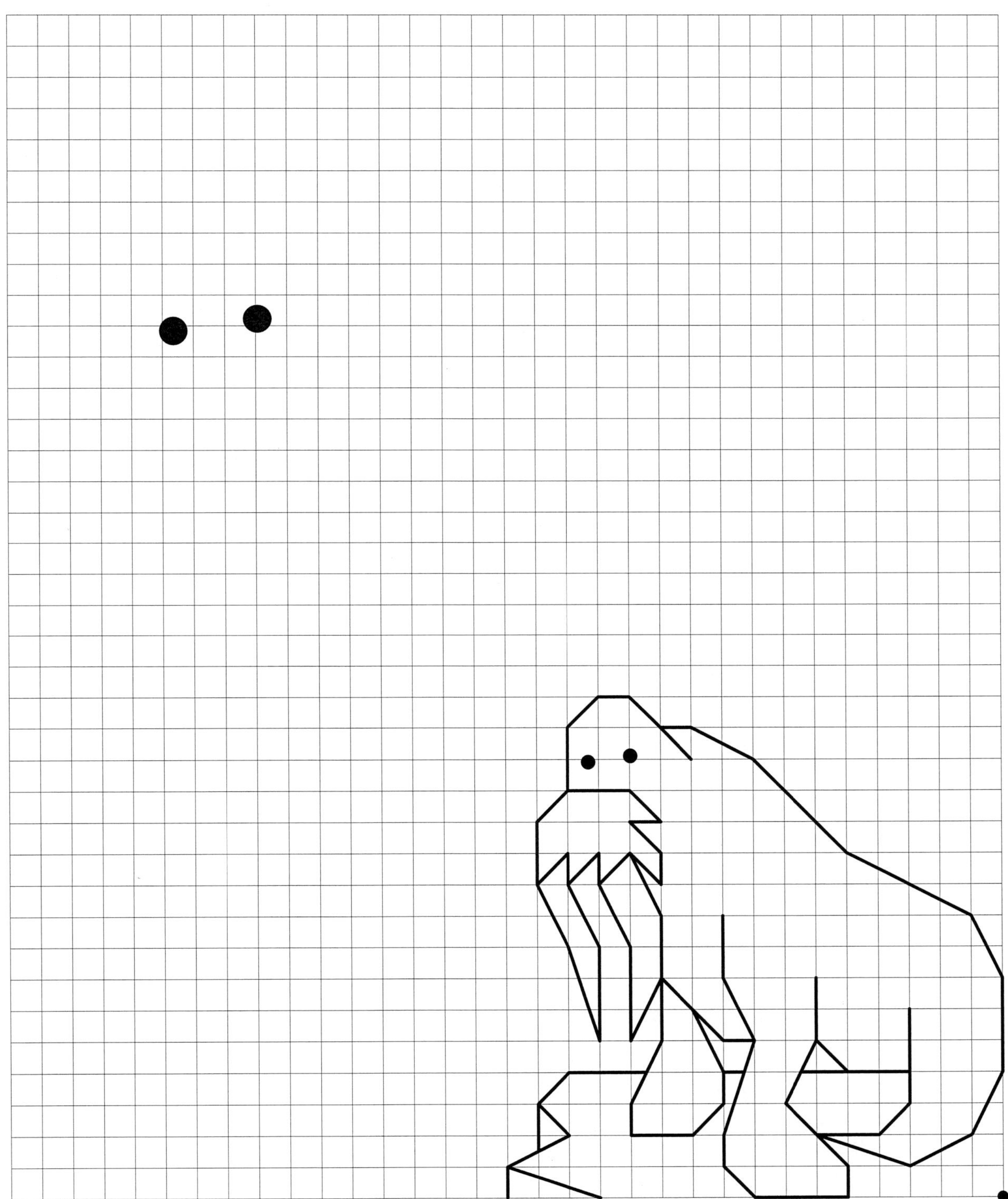

VERGRÖSSERN

Vergrößere die Pinguine um den Faktor 2. Benutze dafür die Farbe Rot. Der Punkt, von dem du ausgehen sollst, ist mit • gekennzeichnet. Die vergrößerten Augen habe ich dir schon vorgegeben.
Male dein Bild aus.

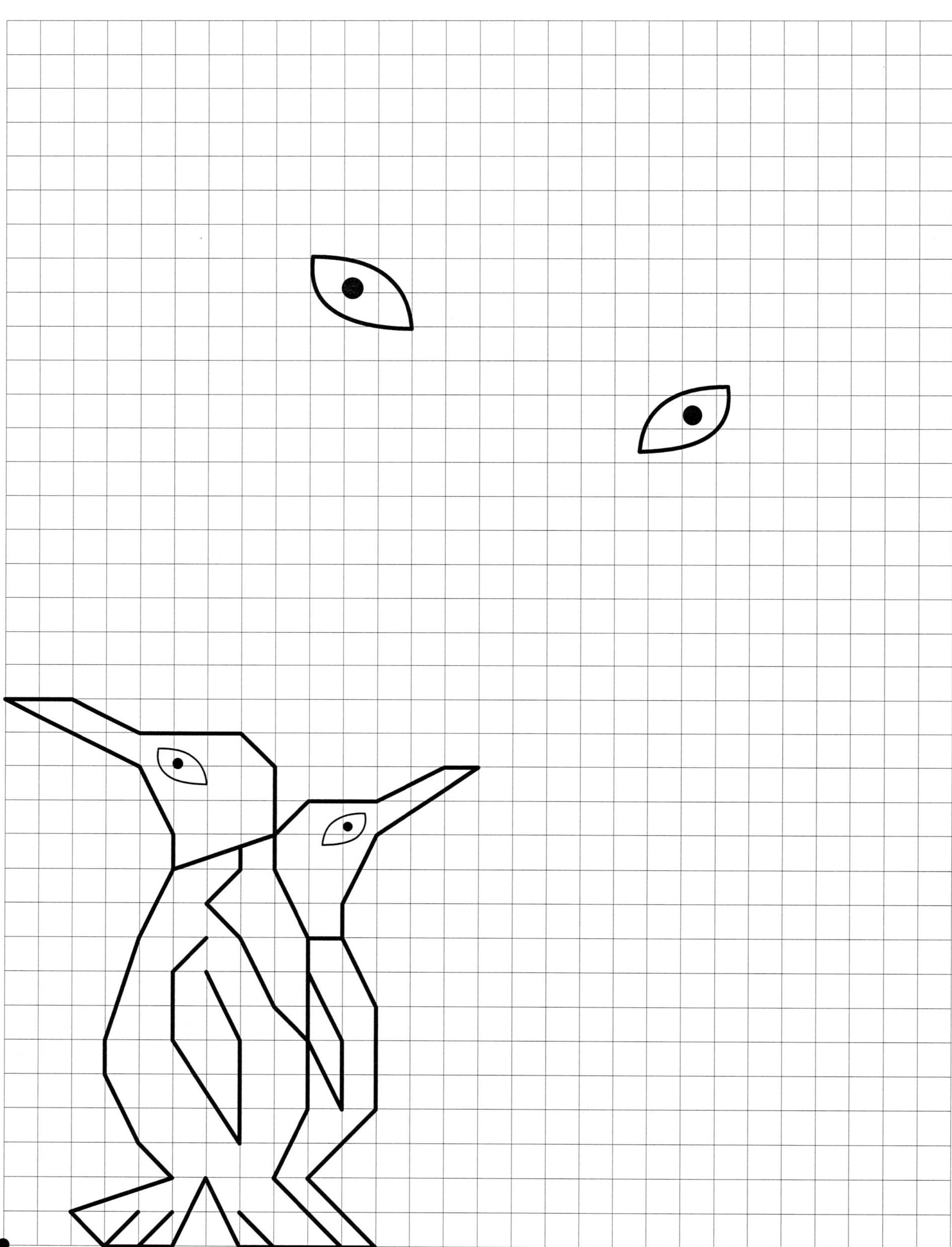

KOHL VERLAG Lernen mit Erfolg Basisfertigkeit Zeichnen – Geometrie Spiegeln, Parkettieren, Verschieben, Drehen ... – Bestell-Nr. 11 896

VERSCHIEBEN

Verschiebe die Figur achtmal um jeweils zwei Kästchen nach rechts. Verschiebe die so entstandene Reihe zweimal um jeweils acht Kästchen nach unten. Male in unterschiedlichen Farben aus.

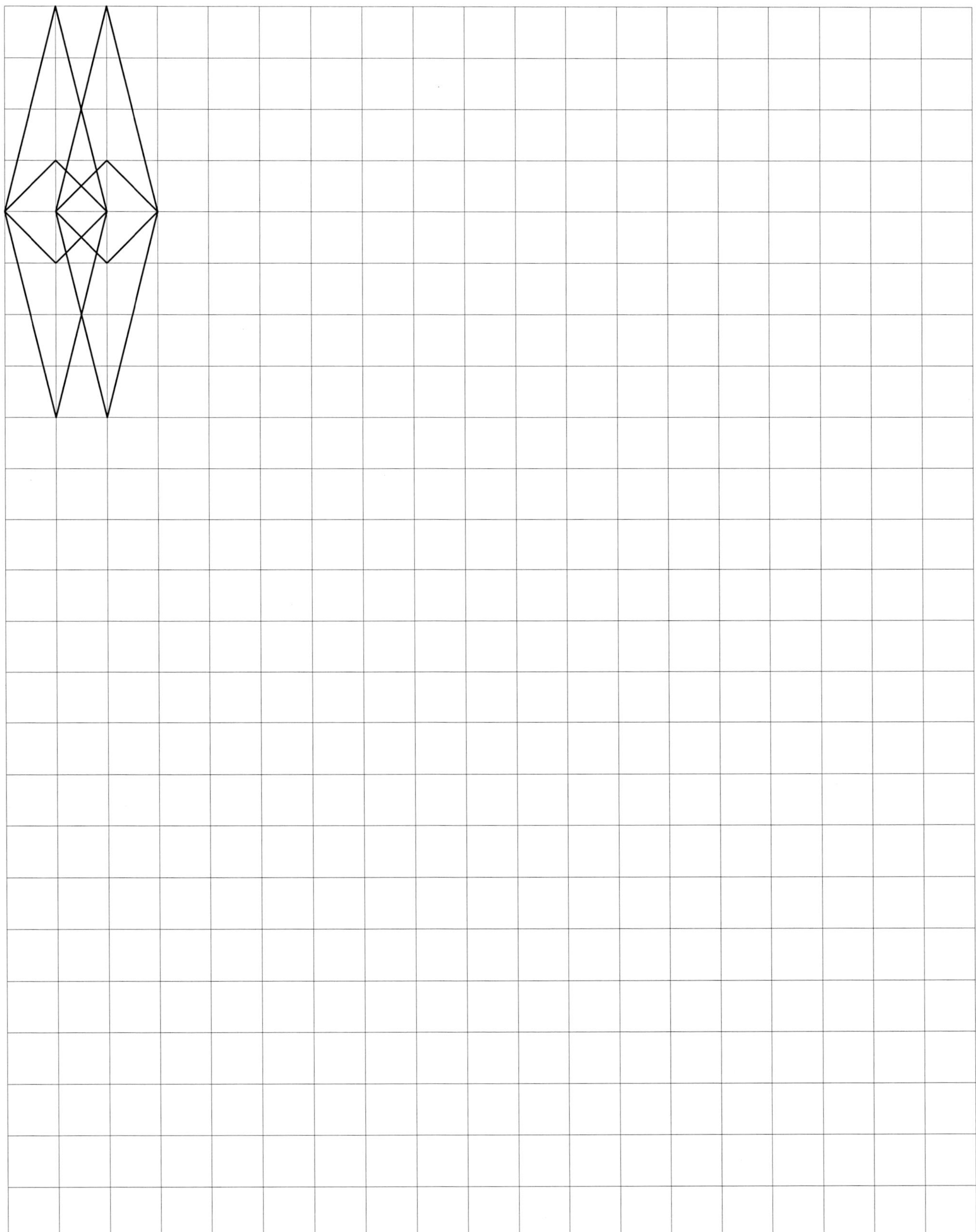

Verschiebe die Figur dreimal um jeweils **vier** Kästchen nach rechts. Verschiebe die so entstandene Reihe viermal um jeweils **vier** Kästchen nach unten. Male in unterschiedlichen Farben aus.

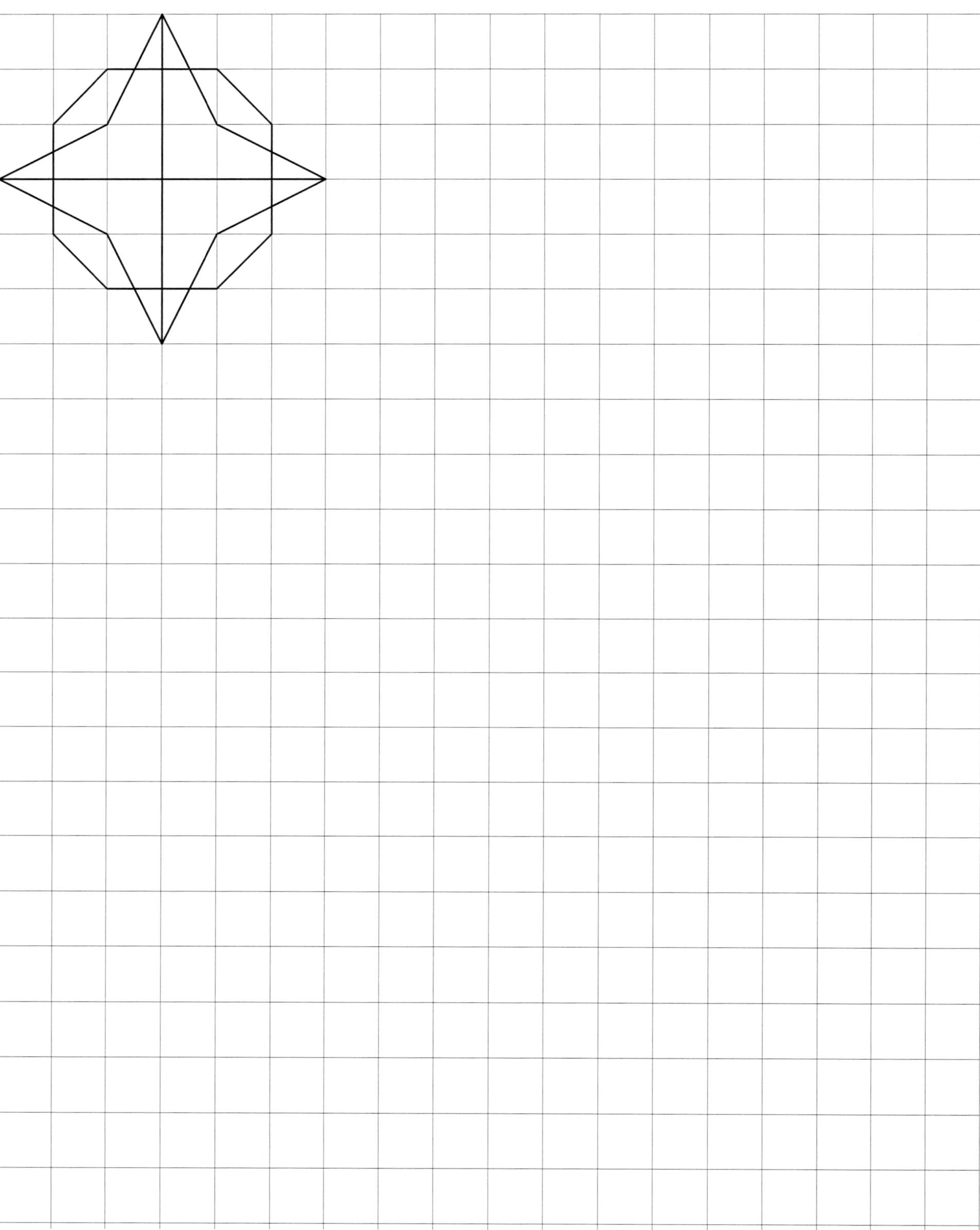

VERSCHIEBEN

Verschiebe die Figur dreimal um jeweils **vier** Kästchen nach rechts. Verschiebe die so entstandene Reihe viermal um jeweils **vier** Kästchen nach unten. Male in unterschiedlichen Farben aus.

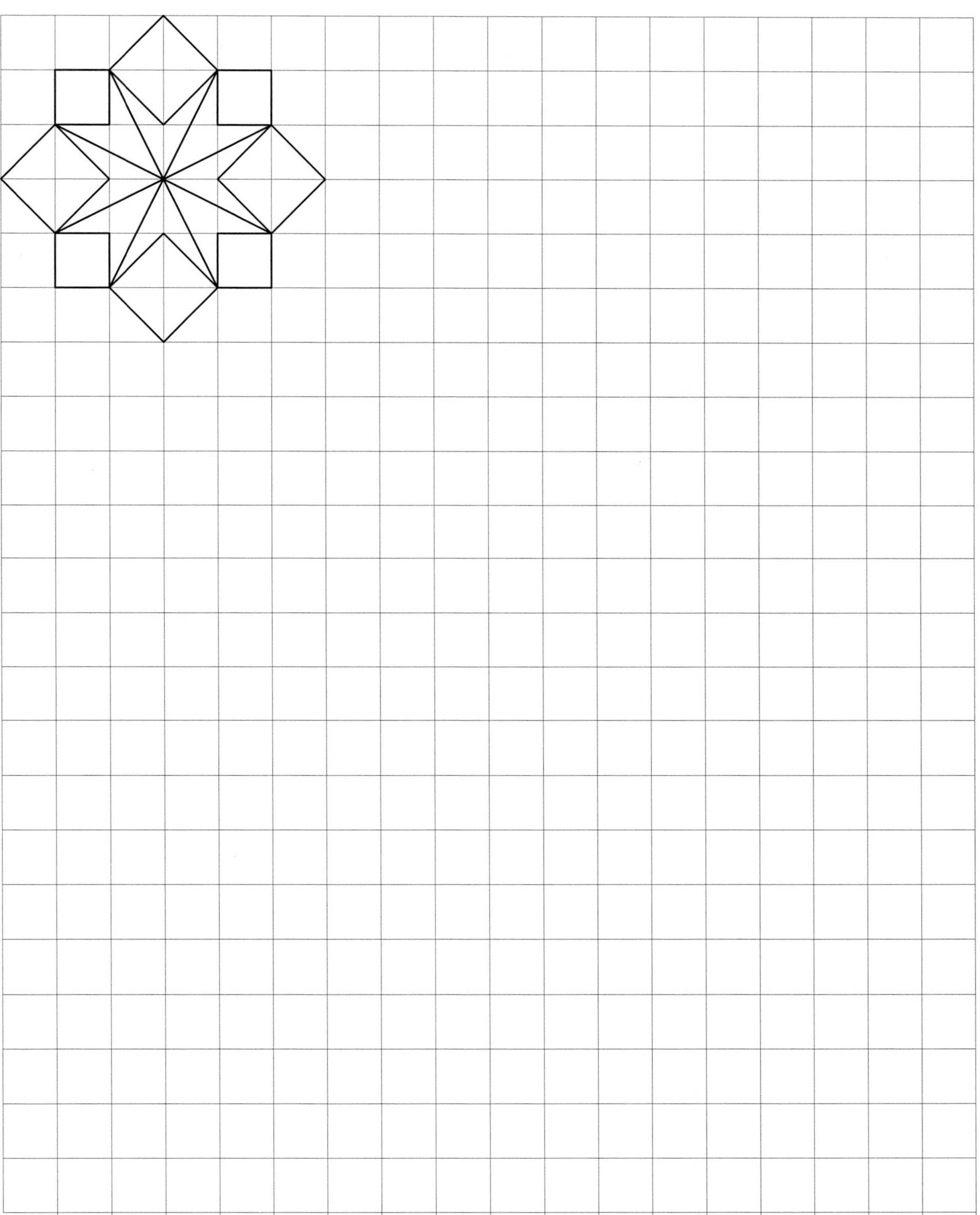

VERSCHIEBEN

Verschiebe die Figur dreimal um jeweils **vier** Kästchen nach rechts. Verschiebe die so entstandene Reihe viermal um jeweils **vier** Kästchen nach unten. Male in unterschiedlichen Farben aus.

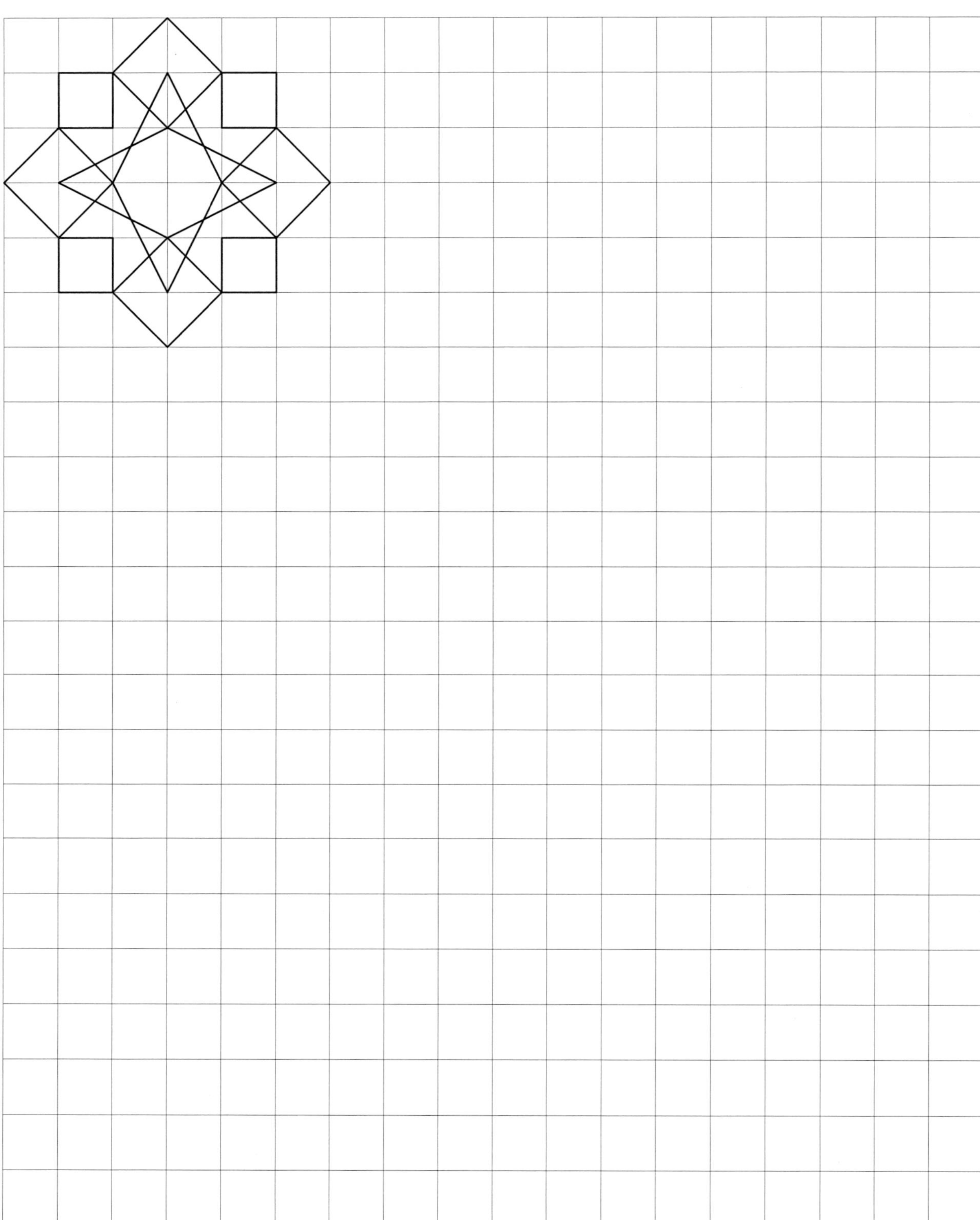

Spiegele an der mit ● gekennzeichneten Achse. Die so entstandene Figur spiegelst du an der ●● – Achse. Verschiebe dann diese Figur nach rechts. Verschiebe die Reihe zweimal nach unten. Male farbig aus.

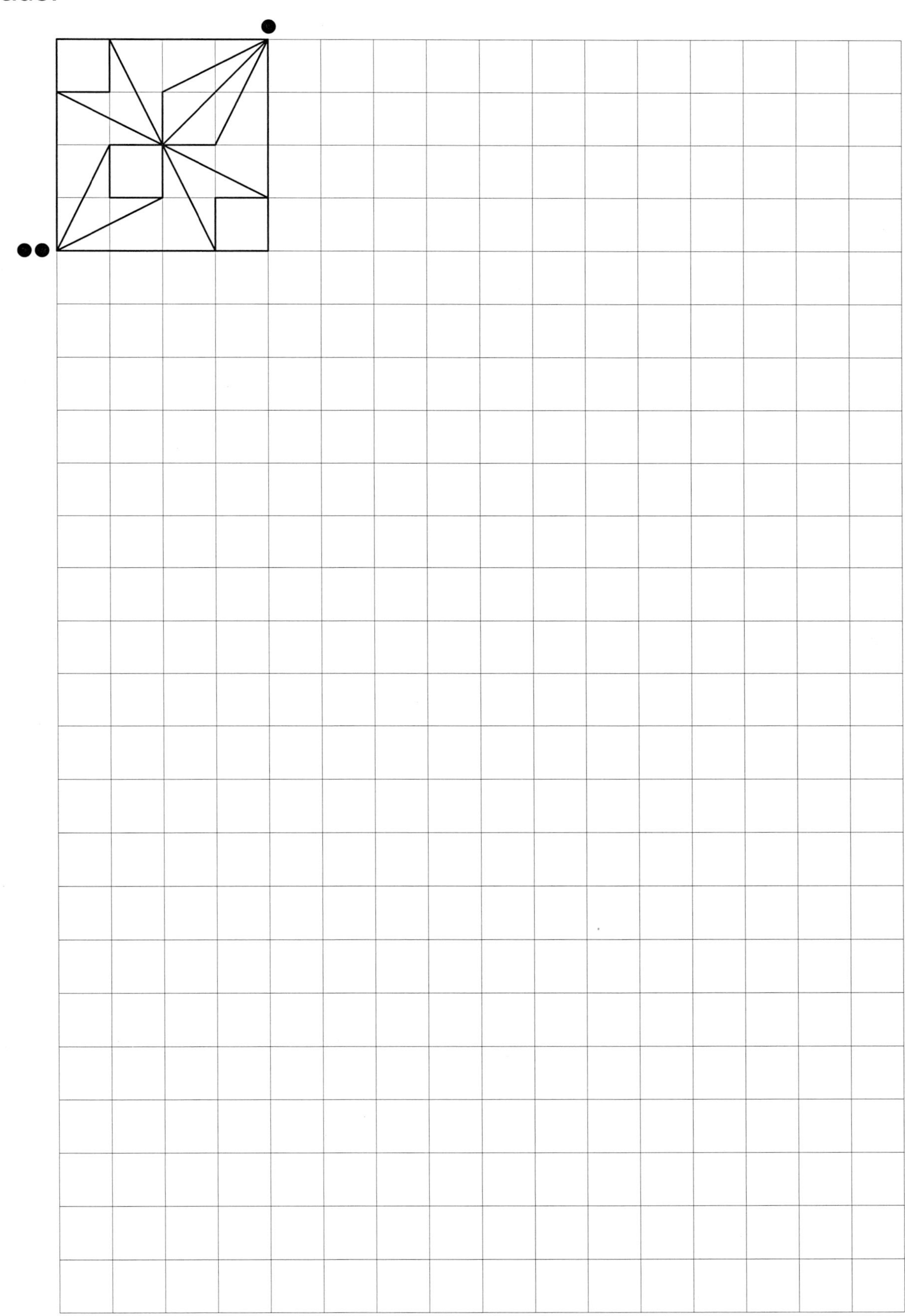

KOHL VERLAG Lernen mit Erfolg
Basisfertigkeit Zeichnen – Geometrie
Spiegeln, Parkettieren, Verschieben, Drehen ... – Bestell-Nr. 11 896

SPIEGELN / Teil 1

Spiegele an der mit ● gekennzeichneten Achse. Die so entstandene Figur spiegelst du an der ●● – Achse. Verschiebe dann diese Figur nach rechts. Verschiebe die Reihe zweimal nach unten. Male farbig aus.

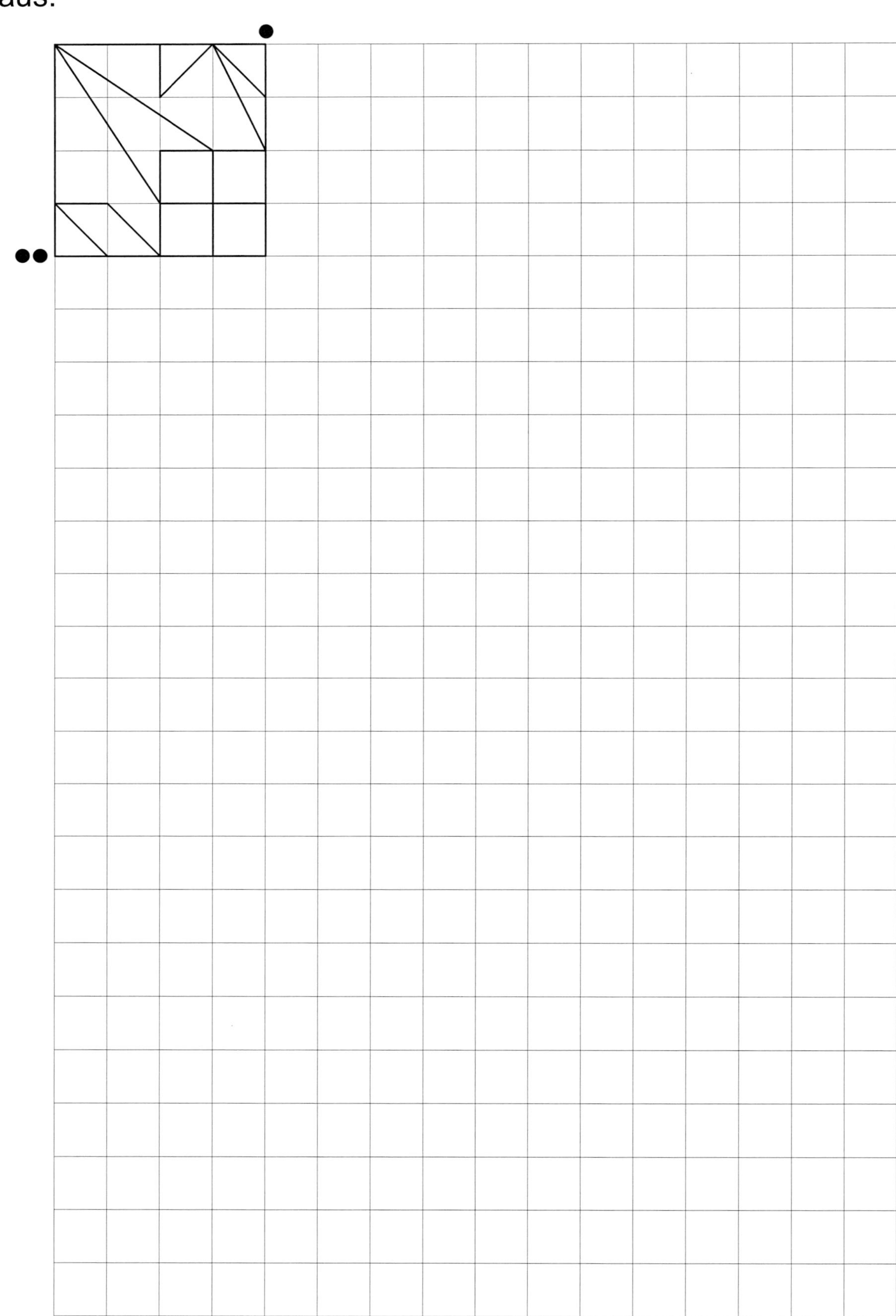

KOHL VERLAG Lernen mit Erfolg
Basisfertigkeit Zeichnen – Geometrie
Spiegeln, Parkettieren, Verschieben, Drehen ... – Bestell-Nr. 11 896

SPIEGELN / Teil 1

Spiegele an der mit ● gekennzeichneten Achse. Die so entstandene Figur spiegelst du an der ●● – Achse. Verschiebe dann diese Figur nach rechts. Verschiebe die Reihe zweimal nach unten. Male farbig aus.

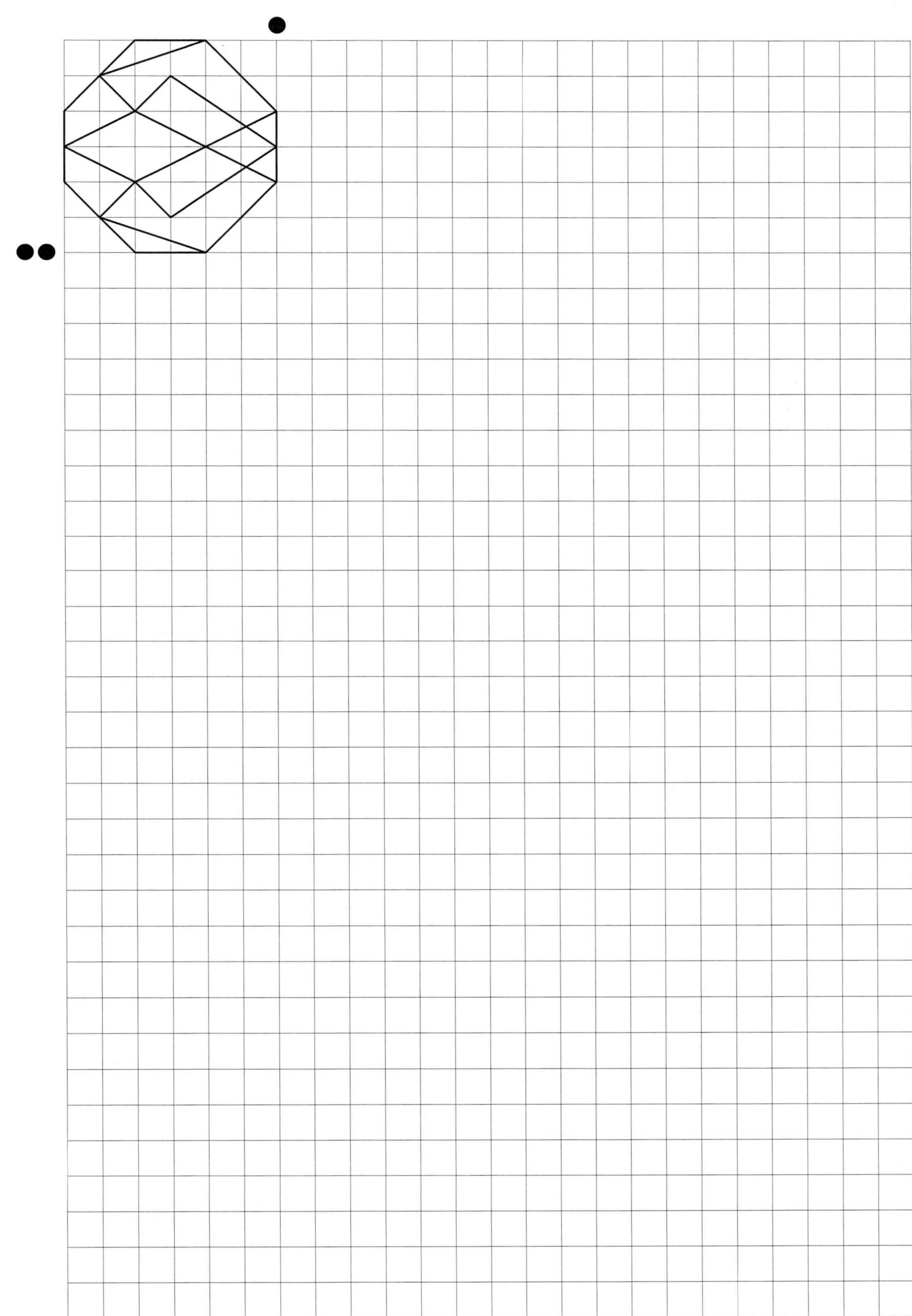

KOHL VERLAG Lernen mit Erfolg
Basisfertigkeit Zeichnen – Geometrie
Spiegeln, Parkettieren, Verschieben, Drehen ... – Bestell-Nr. 11 896

SPIEGELN / Teil 1

Spiegele an der mit ● gekennzeichneten Achse. Die so entstandene Figur spiegelst du an der ●● – Achse. Verschiebe dann diese Figur nach rechts. Verschiebe die Reihe zweimal nach unten. Male farbig aus.

●

●●

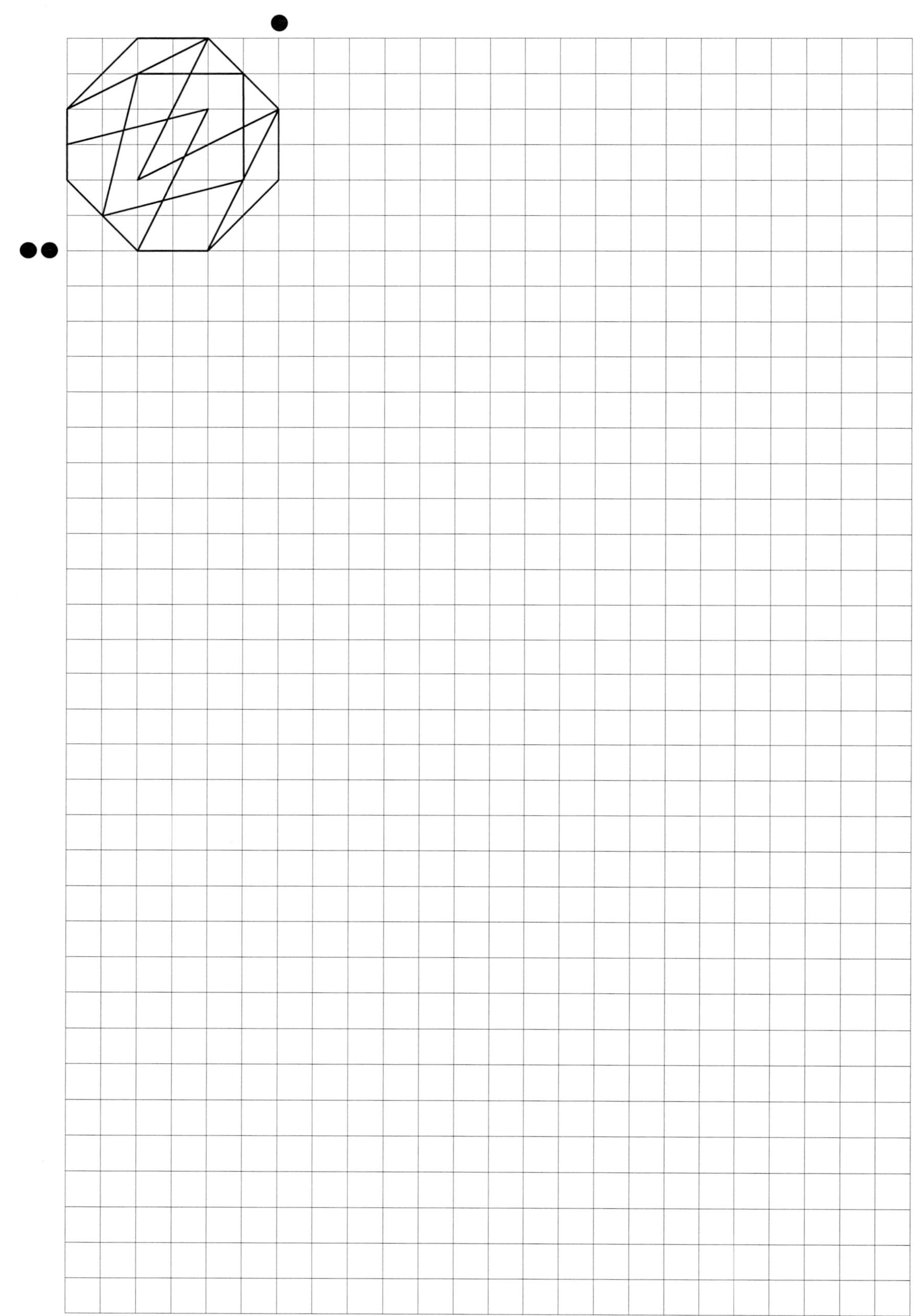

Spiegele die eingezeichnete Figur nacheinander an allen strichpunktierten Achsen. Wenn du das siebenmal gemacht hast, ist der Block vollständig. Verschiebe diesen Block nach rechts. Verschiebe dann die Reihe zweimal nach unten. Male dein Bild in verschiedenen Farben aus.

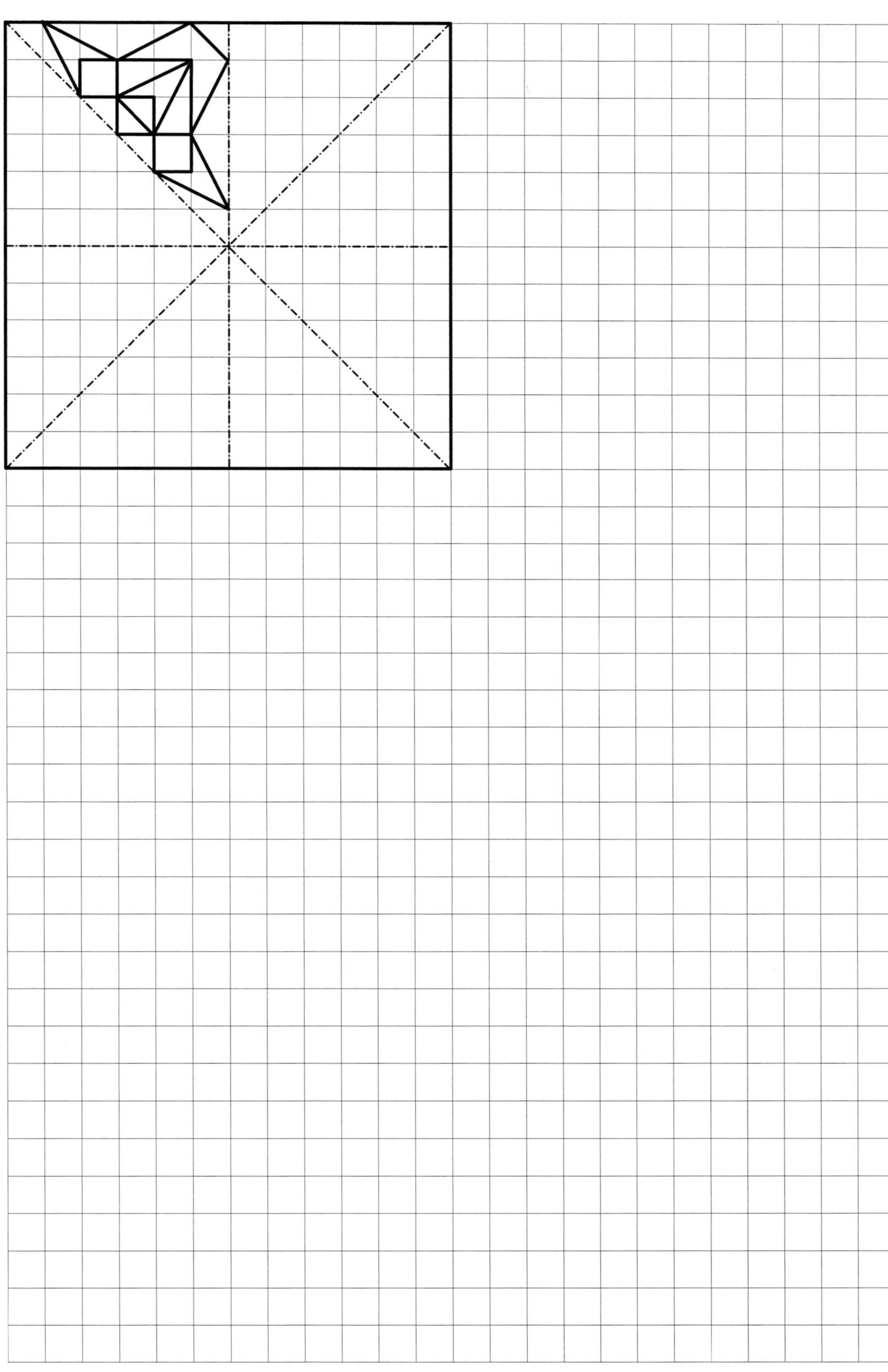

Spiegele die eingezeichnete Figur nacheinander an allen strichpunktierten Achsen. Wenn du das siebenmal gemacht hast, ist der Block vollständig. Verschiebe diesen Block nach rechts. Verschiebe dann die Reihe zweimal nach unten. Male dein Bild in verschiedenen Farben aus.

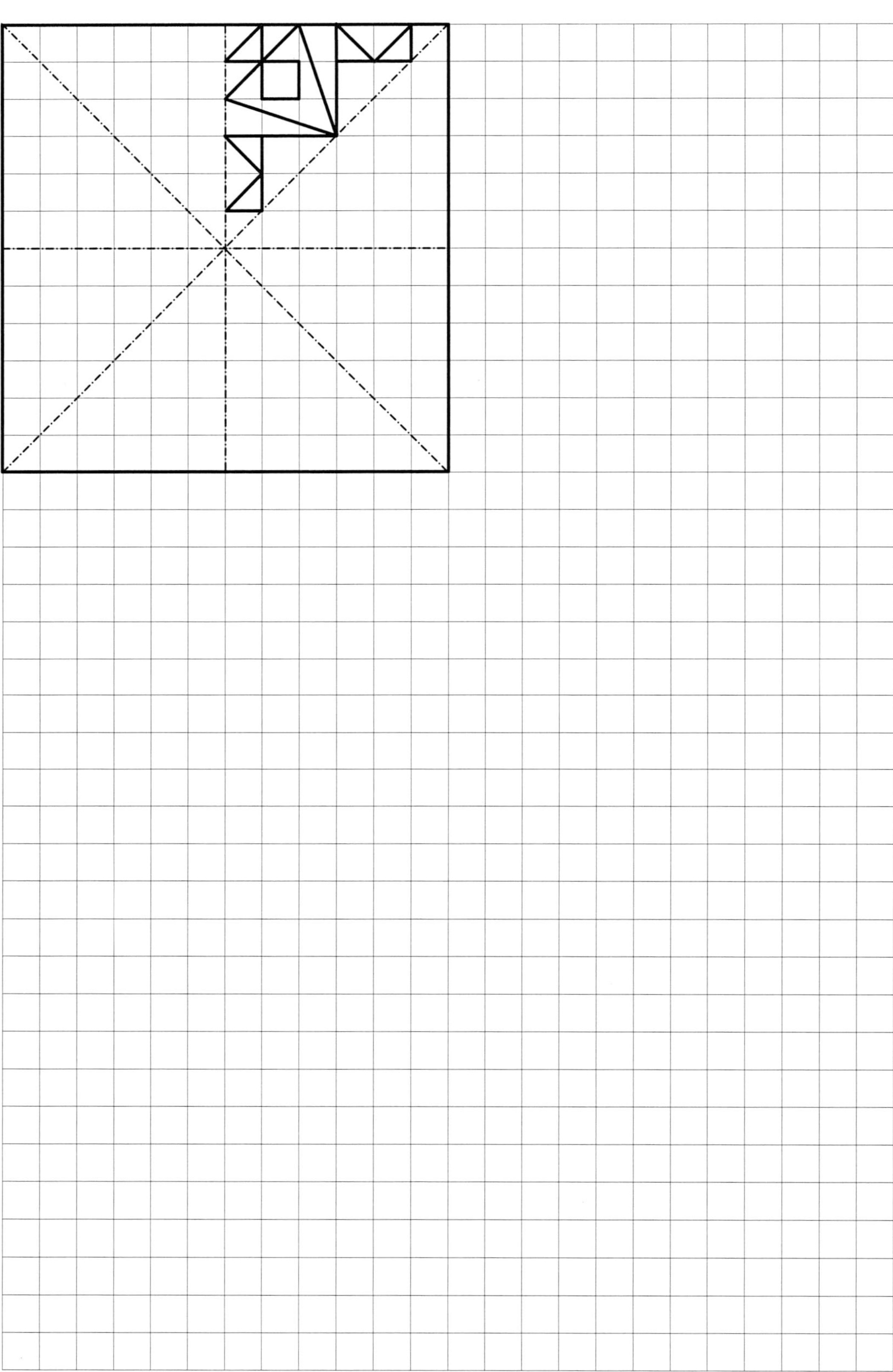

Spiegele die eingezeichnete Figur nacheinander an allen strichpunktierten Achsen. Wenn du das siebenmal gemacht hast, ist der Block vollständig. Verschiebe diesen Block nach rechts. Verschiebe dann die Reihe zweimal nach unten. Male dein Bild in verschiedenen Farben aus.

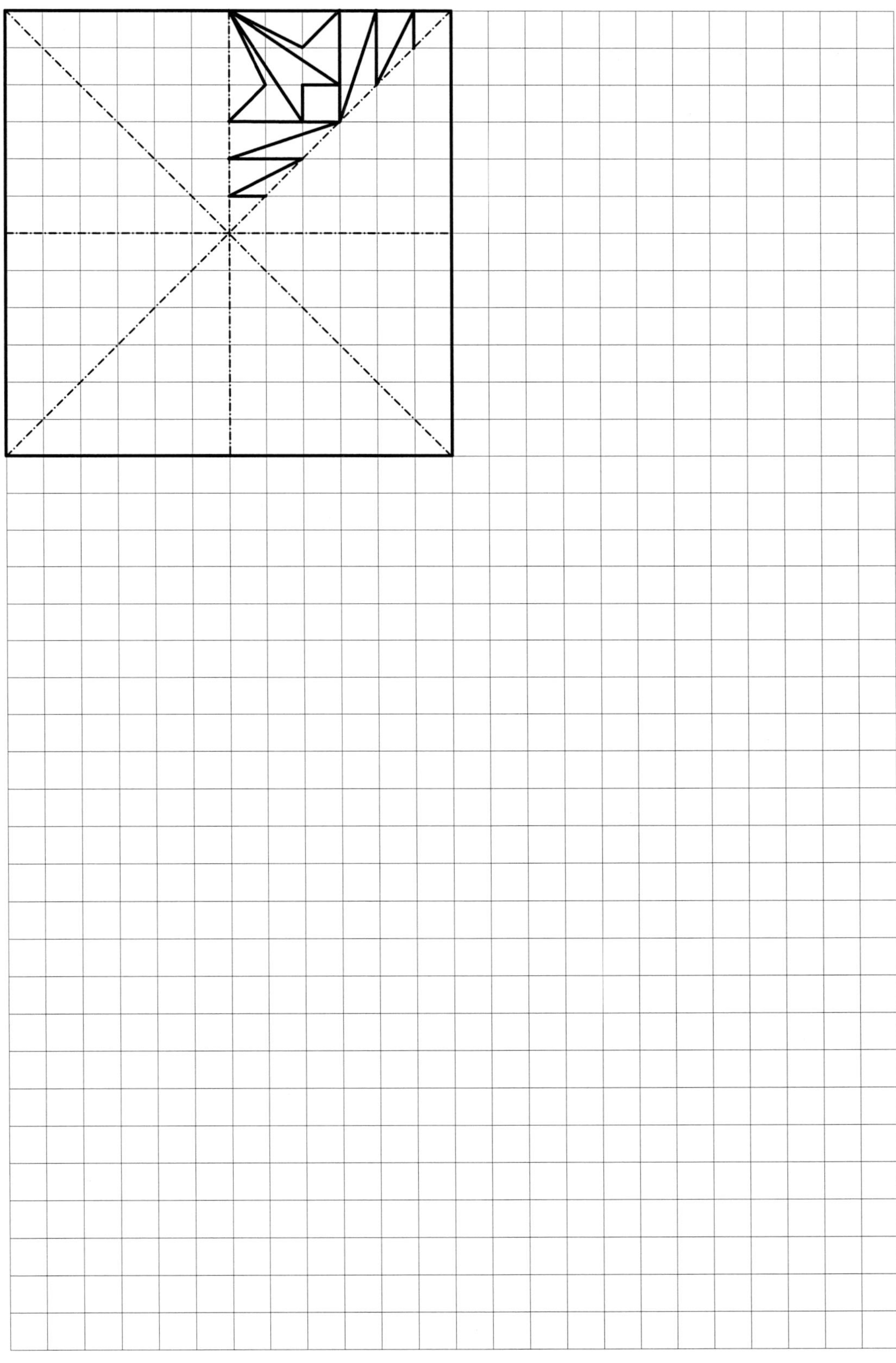

Spiegele die eingezeichnete Figur jeweils dreimal an den strichpunktierten Achsen, damit das große Quadrat gefüllt wird. Verschiebe diese Figur zweimal um jeweils acht Kästchen nach rechts. Male dein Bild farbig aus.

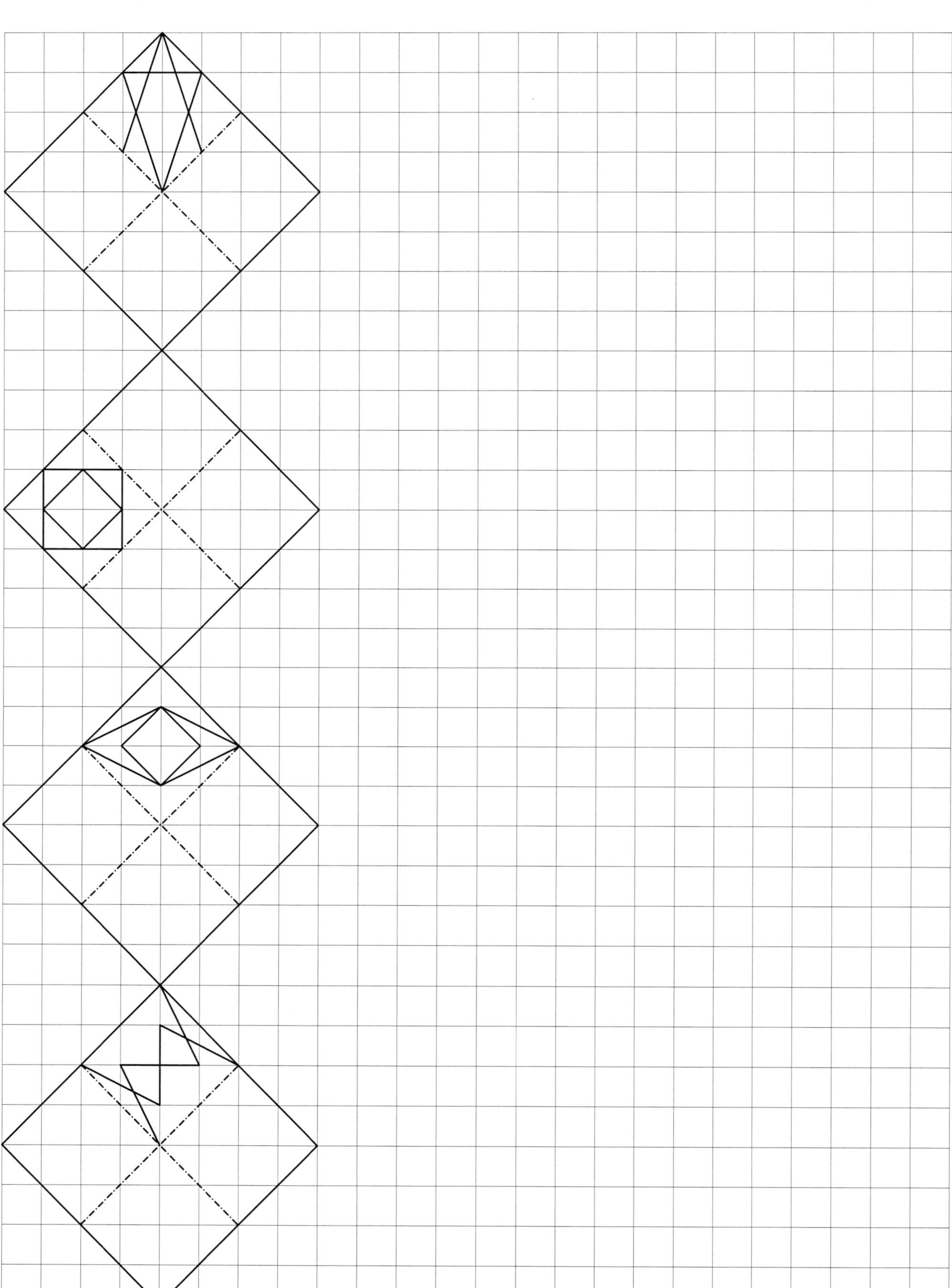

KOHL VERLAG Basisfertigkeit Zeichnen – Geometrie Spiegeln, Parkettieren, Verschieben, Drehen ... – Bestell-Nr. 11 896

SPIEGELN / Teil 3

Drehe die Figur um den gekennzeichneten Punkt im Uhrzeigersinn um 90°, 180° und 270°. Verschiebe den so entstandenen Block jeweils um 8 Kästchen nach rechts und nach unten, bis das Karomuster ausgefüllt ist. Male in unterschiedlichen Farben aus.

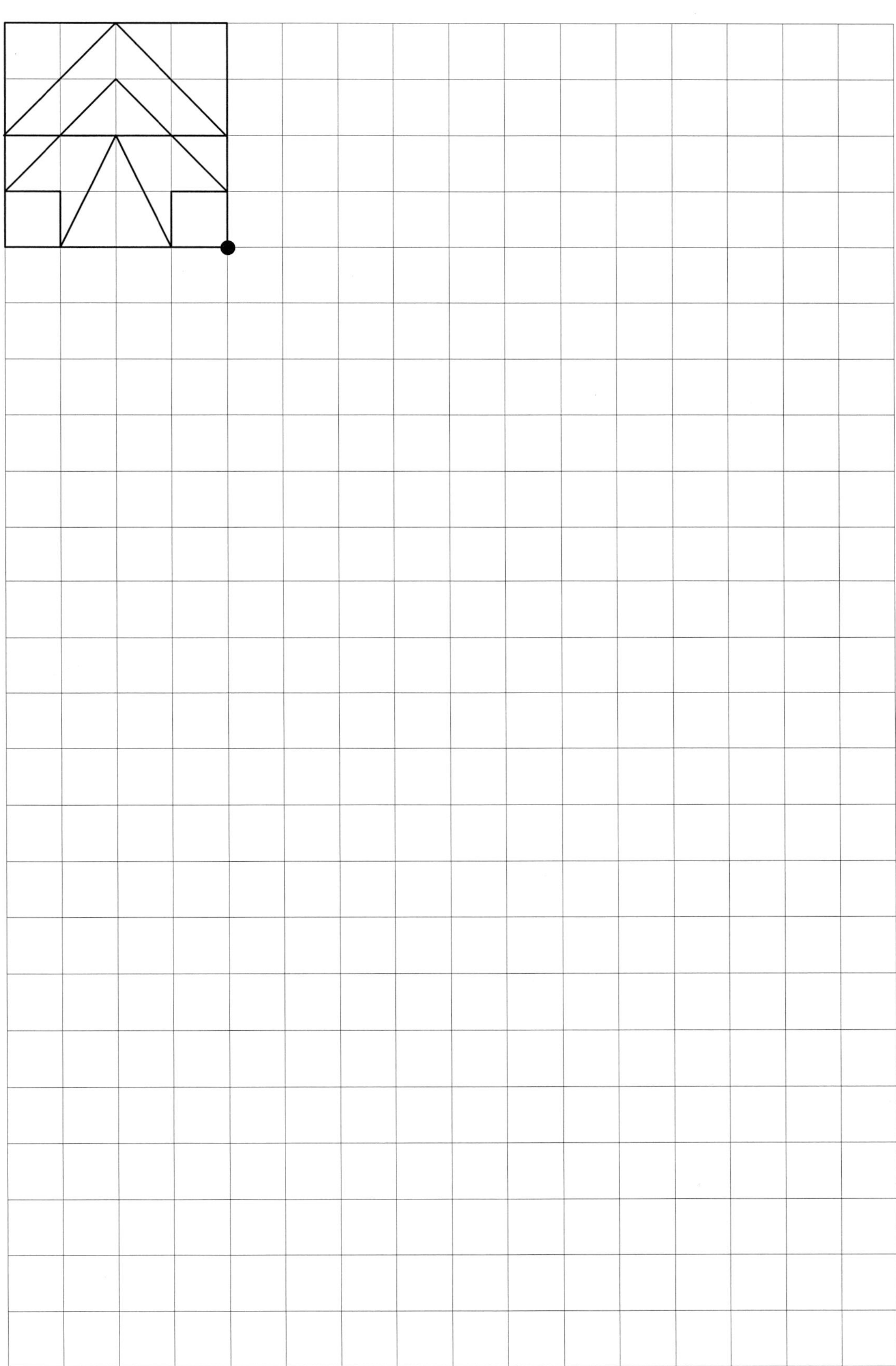

SPIEGELN / Teil 3

Drehe die Figur um den gekennzeichneten Punkt im Uhrzeigersinn um 90°, 180° und 270°. Verschiebe den so entstandenen Block nach rechts und nach unten, bis das Karomuster ausgefüllt ist. Male in verschiedenen Farben aus.

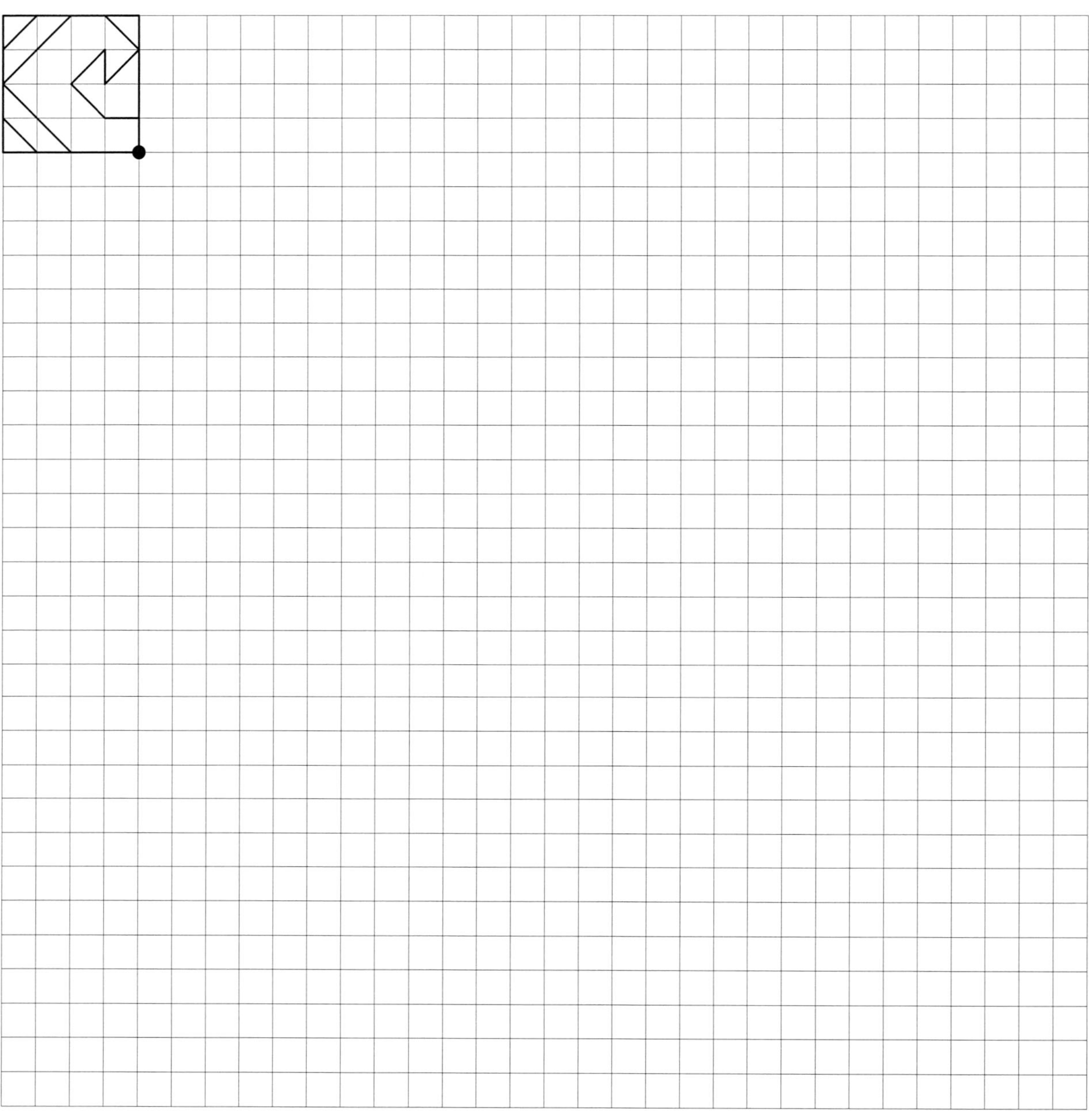

KOHL VERLAG Lernen mit Erfolg
Basisfertigkeit Zeichnen – Geometrie
Spiegeln, Parkettieren, Verschieben, Drehen ... – Bestell-Nr. 11 896

Drehe die Figur um den gekennzeichneten Punkt im Uhrzeigersinn um 90°, 180° und 270°. Verschiebe den so entstandenen Block jeweils um neun Kästchen nach rechts und neun Kästchen nach unten, bis das Karomuster ausgefüllt ist. Male in unterschiedlichen Farben aus.

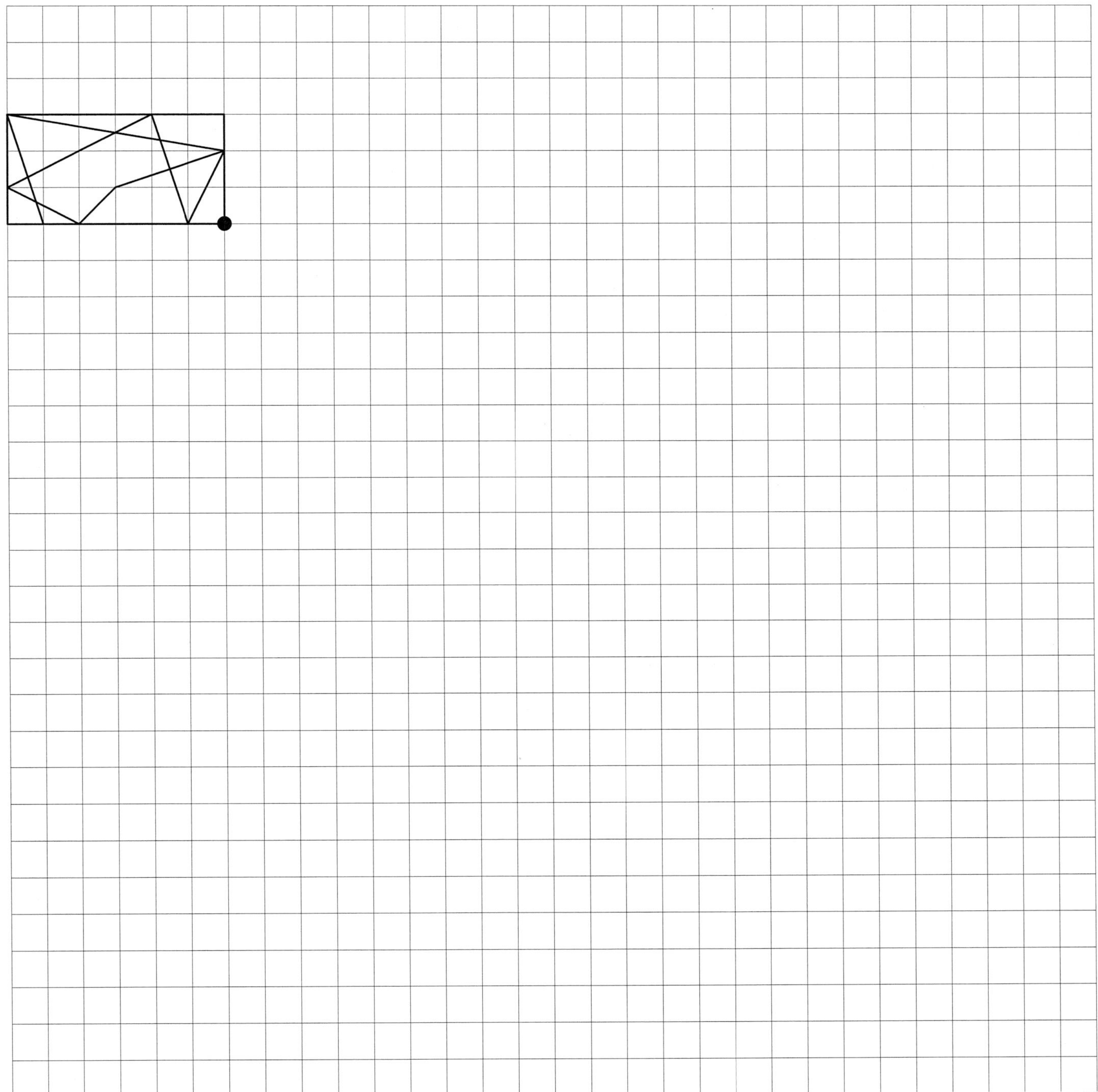

KOHL VERLAG Lernen mit Erfolg
Basisfertigkeit Zeichnen – Geometrie
Spiegeln, Parkettieren, Verschieben, Drehen ... – Bestell-Nr. 11 896

SPIEGELN / Teil 3

Drehe die Figur um den gekennzeichneten Punkt im Uhrzeigersinn um 90°, 180° und 270°. Verschiebe den so entstandenen Block dreimal nach rechts, die dann entstandene Reihe dreimal nach unten.
Male in unterschiedlichen Farben aus.

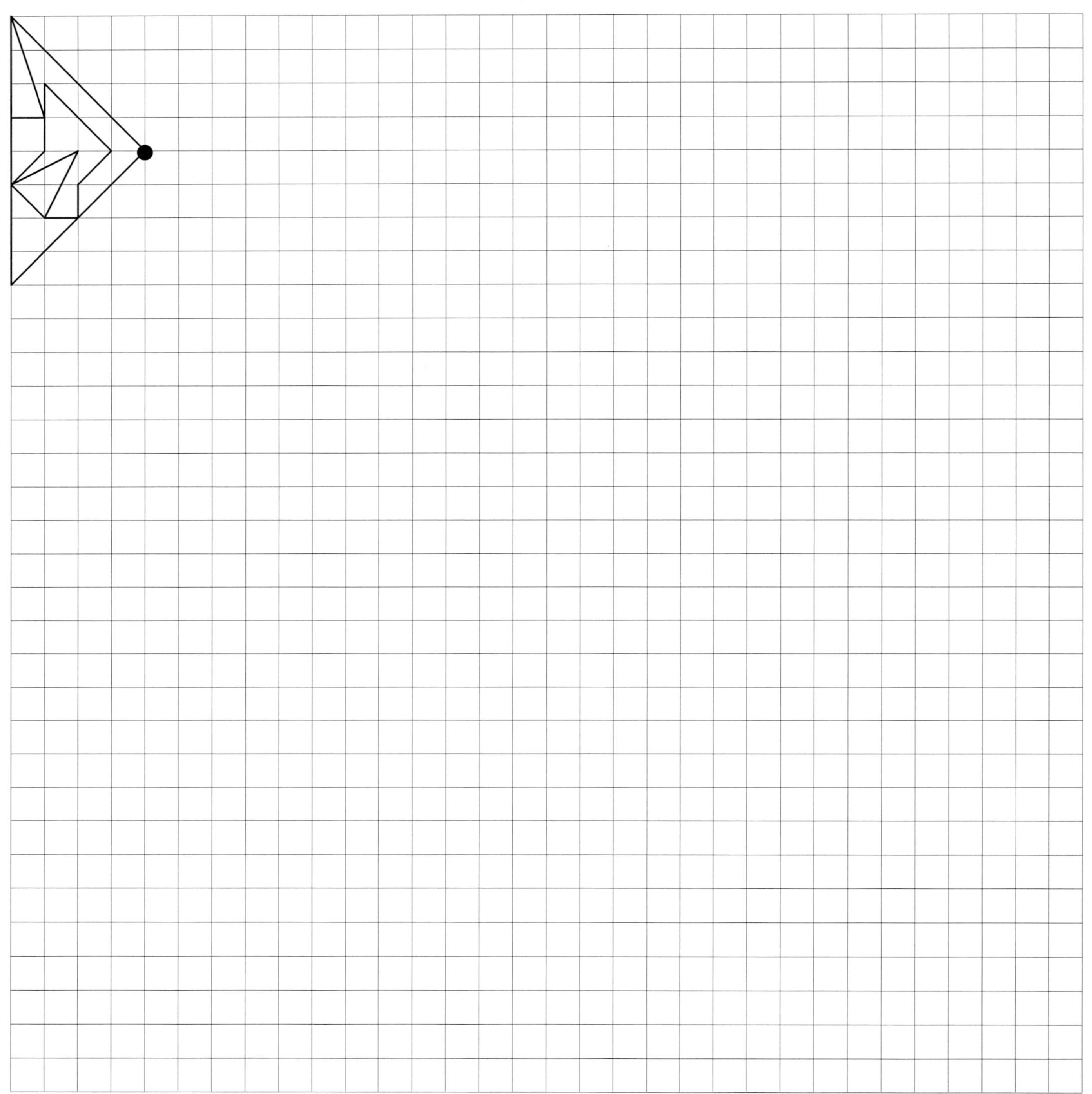

DREHEN UM 90°, 180° UND 270°

Übertrage das Sternenmuster in alle Sechsecke.
Male in unterschiedlichen Farben aus.

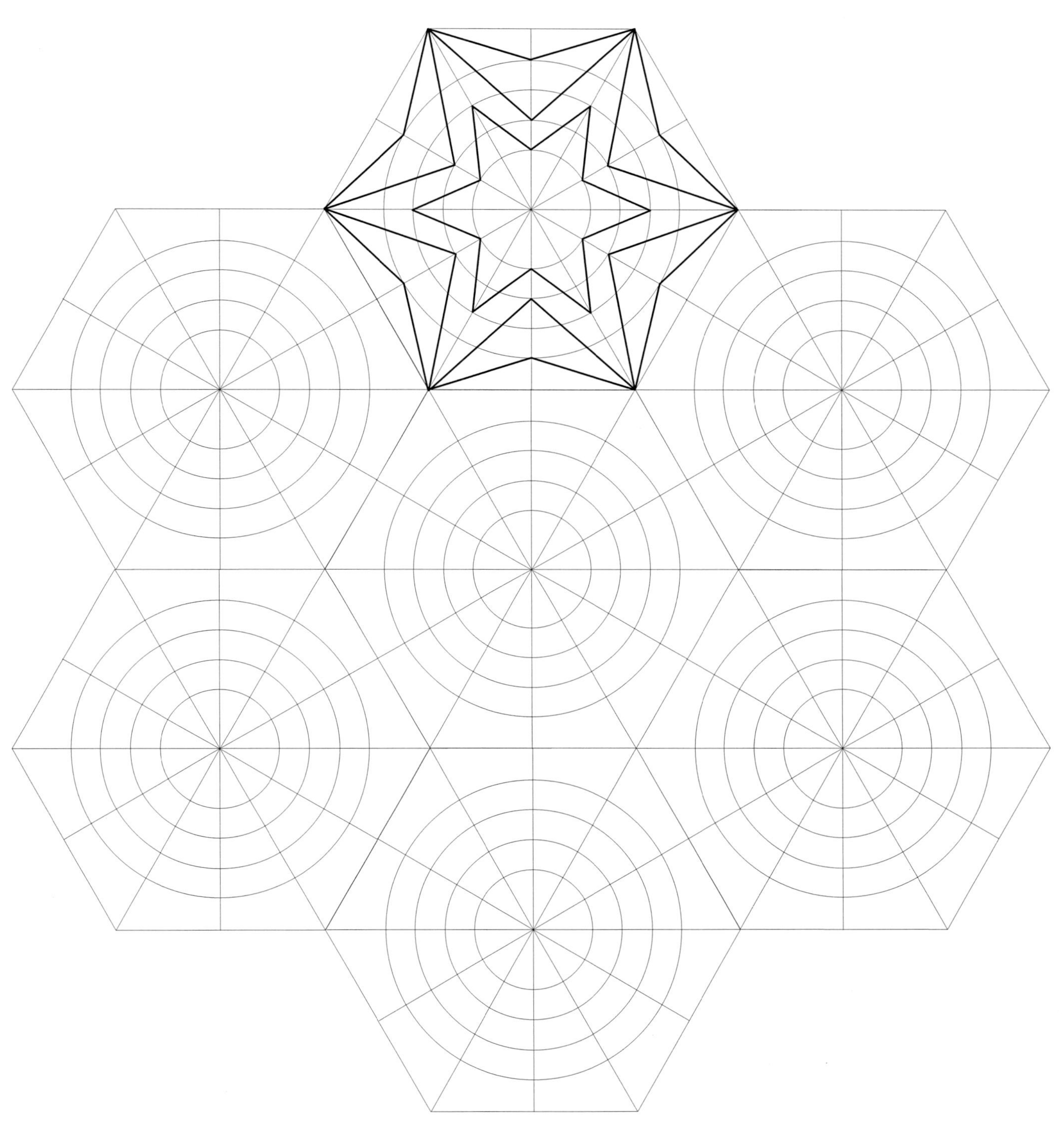

KOHL VERLAG Lernen mit Erfolg
Basisfertigkeit Zeichnen – Geometrie
Spiegeln, Parkettieren, Verschieben, Drehen ... – Bestell-Nr. 11 896

Übertrage das Sternenmuster in alle Sechsecke.
Male in unterschiedlichen Farben aus.

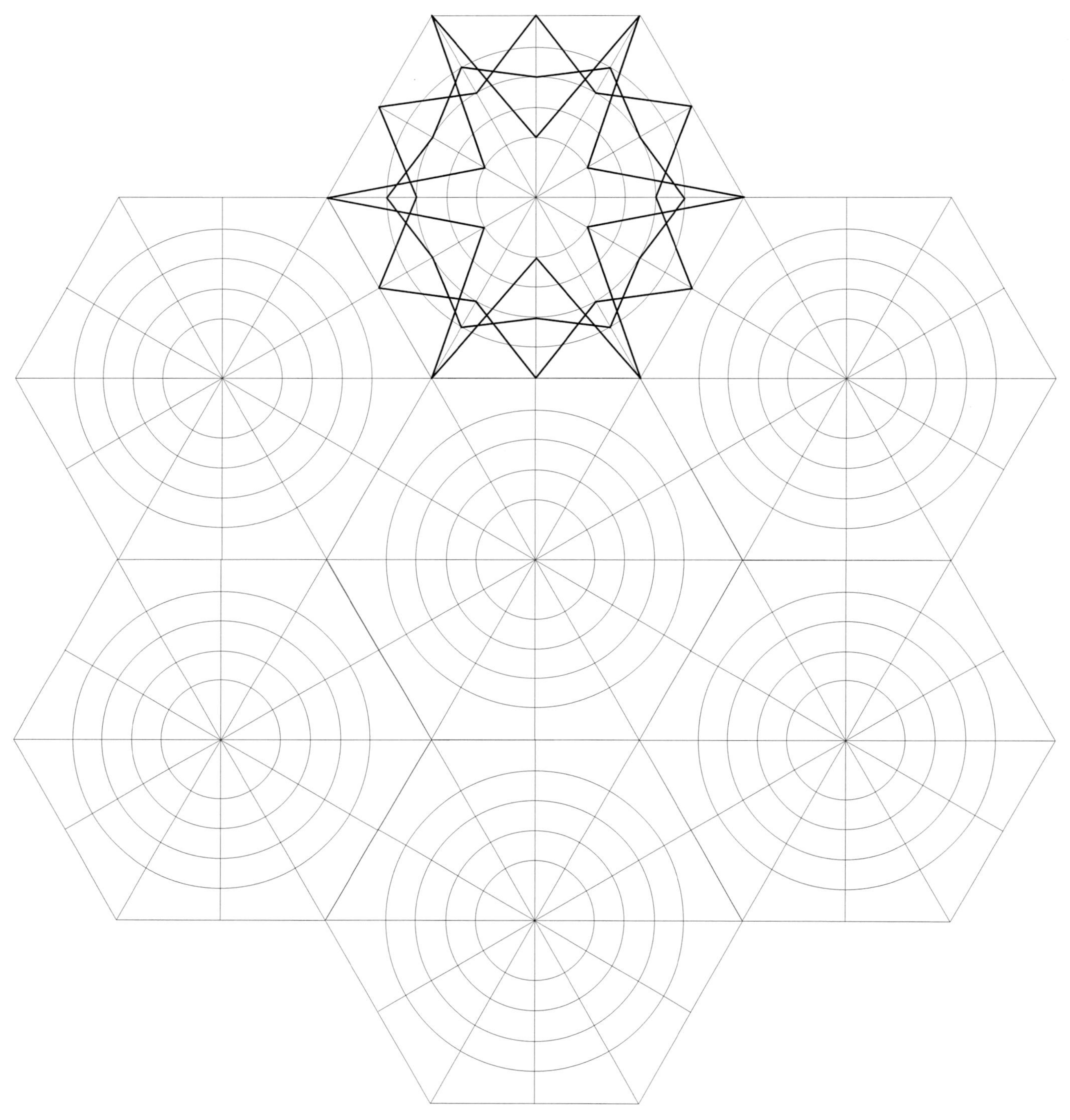

DREHEN UM 90°, 180° UND 270°

Übertrage das Sternenmuster in alle Sechsecke.
Male in unterschiedlichen Farben aus.

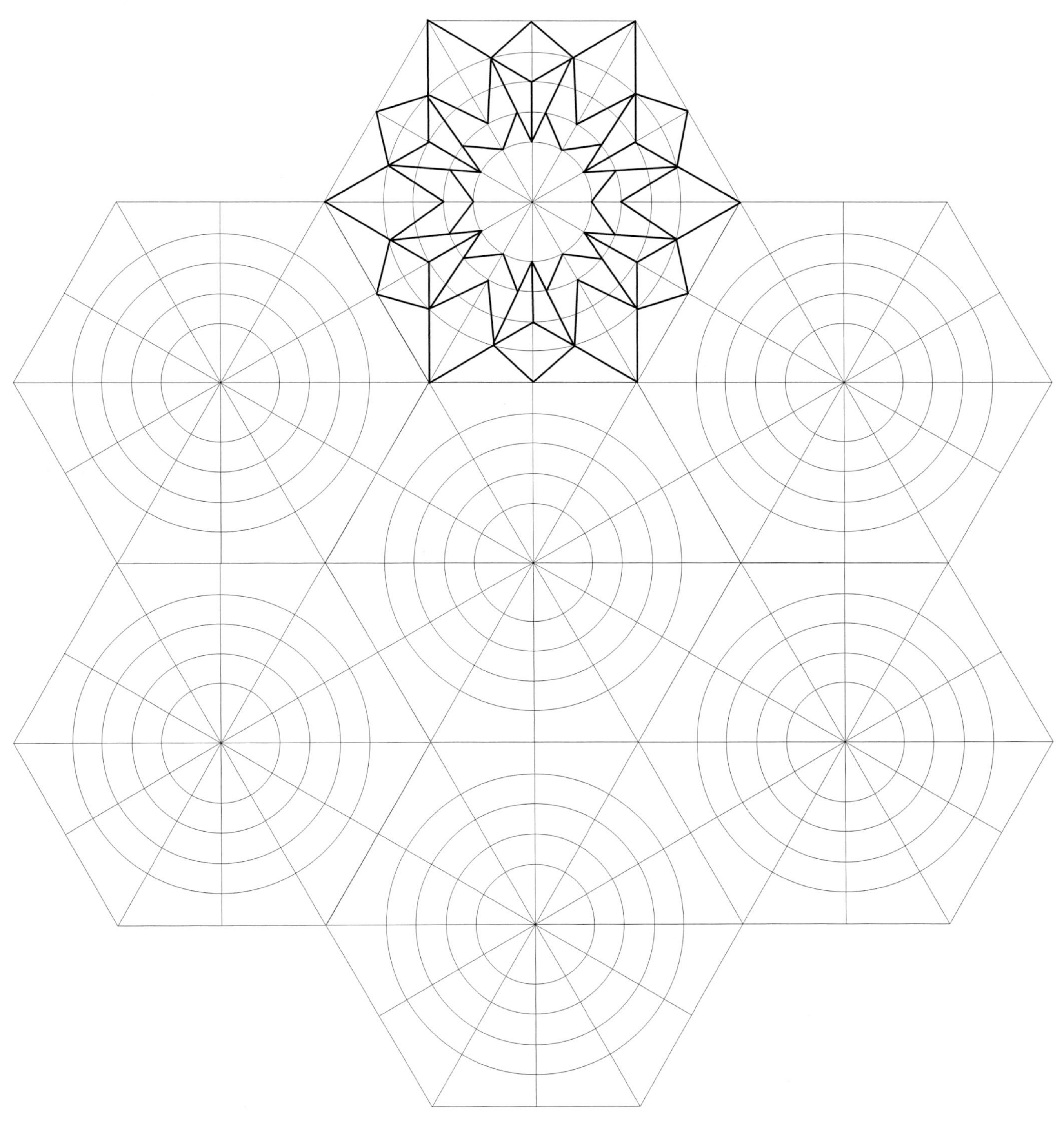

Übertrage das Sternenmuster in alle Sechsecke.
Male in unterschiedlichen Farben aus.

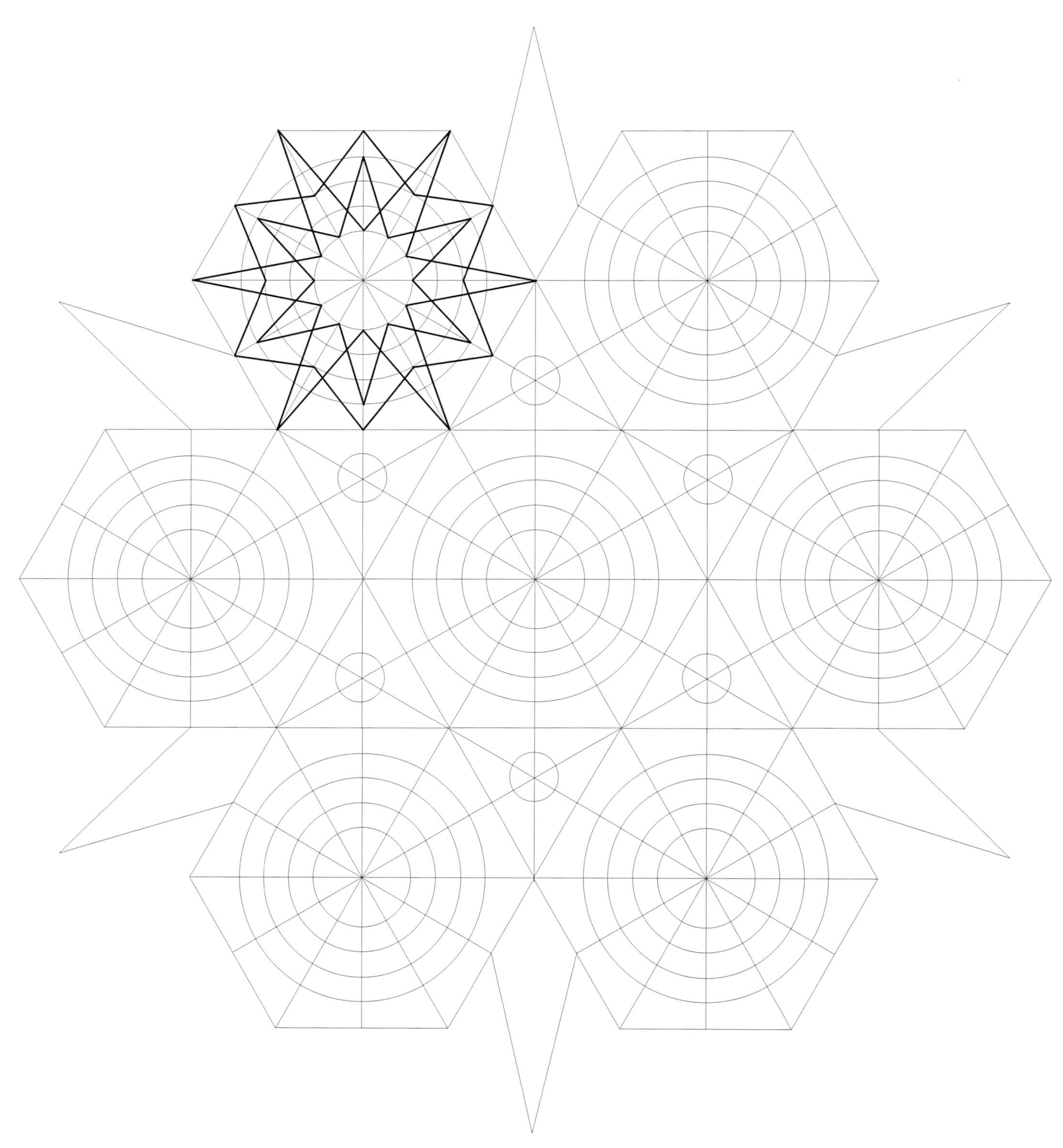

KOHL VERLAG Basisfertigkeit Zeichnen – Geometrie Spiegeln, Parkettieren, Verschieben, Drehen ... – Bestell-Nr. 11 896

ÜBERTRAGEN / Teil 2

Übertrage das Sternenmuster in alle Achtecke.
Male in unterschiedlichen Farben aus.

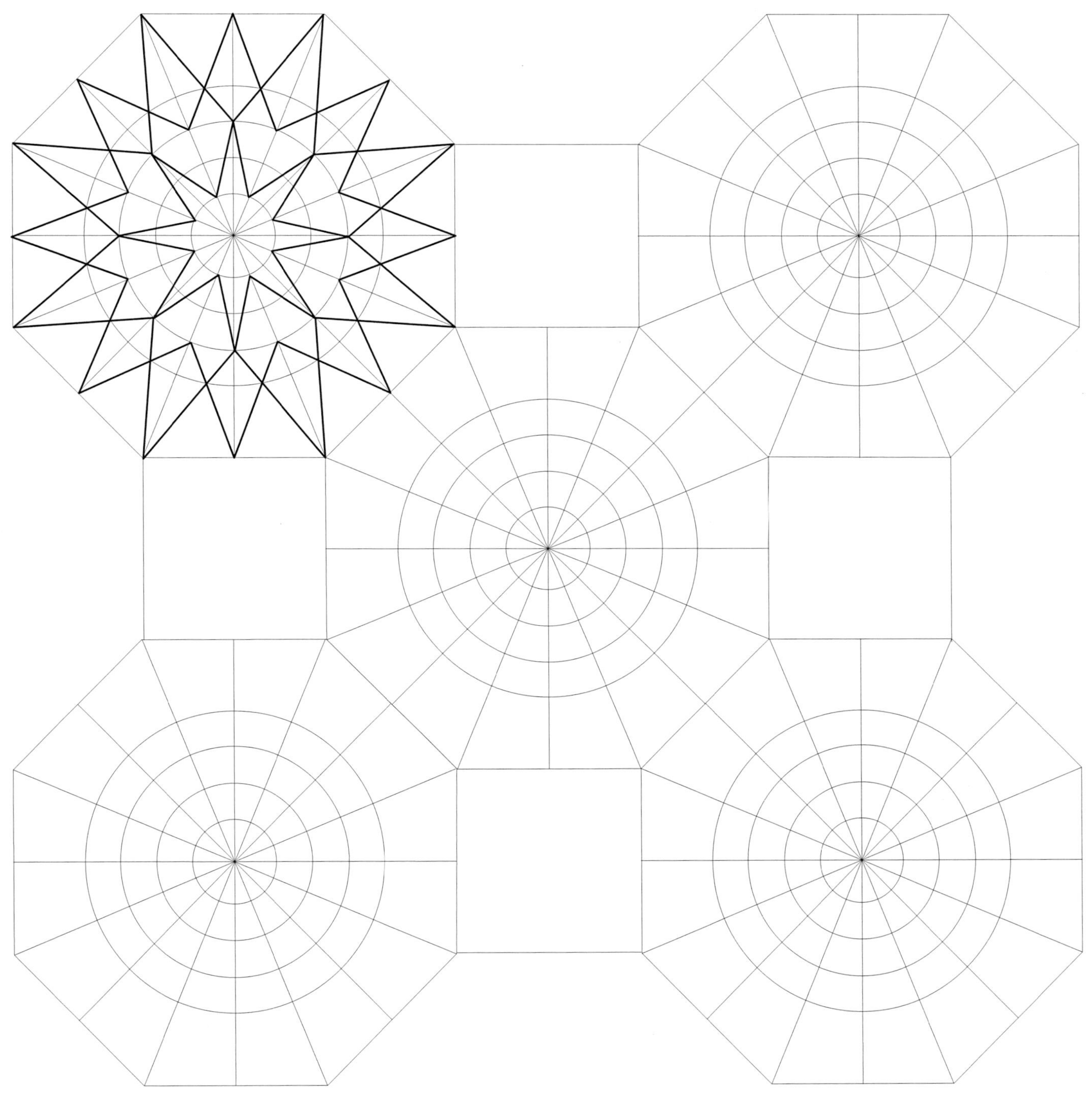

KOHL VERLAG Lernen mit Erfolg
Basisfertigkeit Zeichnen – Geometrie
Spiegeln, Parkettieren, Verschieben, Drehen ... – Bestell-Nr. 11 896

DREHEN UM 10°

Drehe die Figur um jeweils 10° weiter.
Male dein Bild aus.

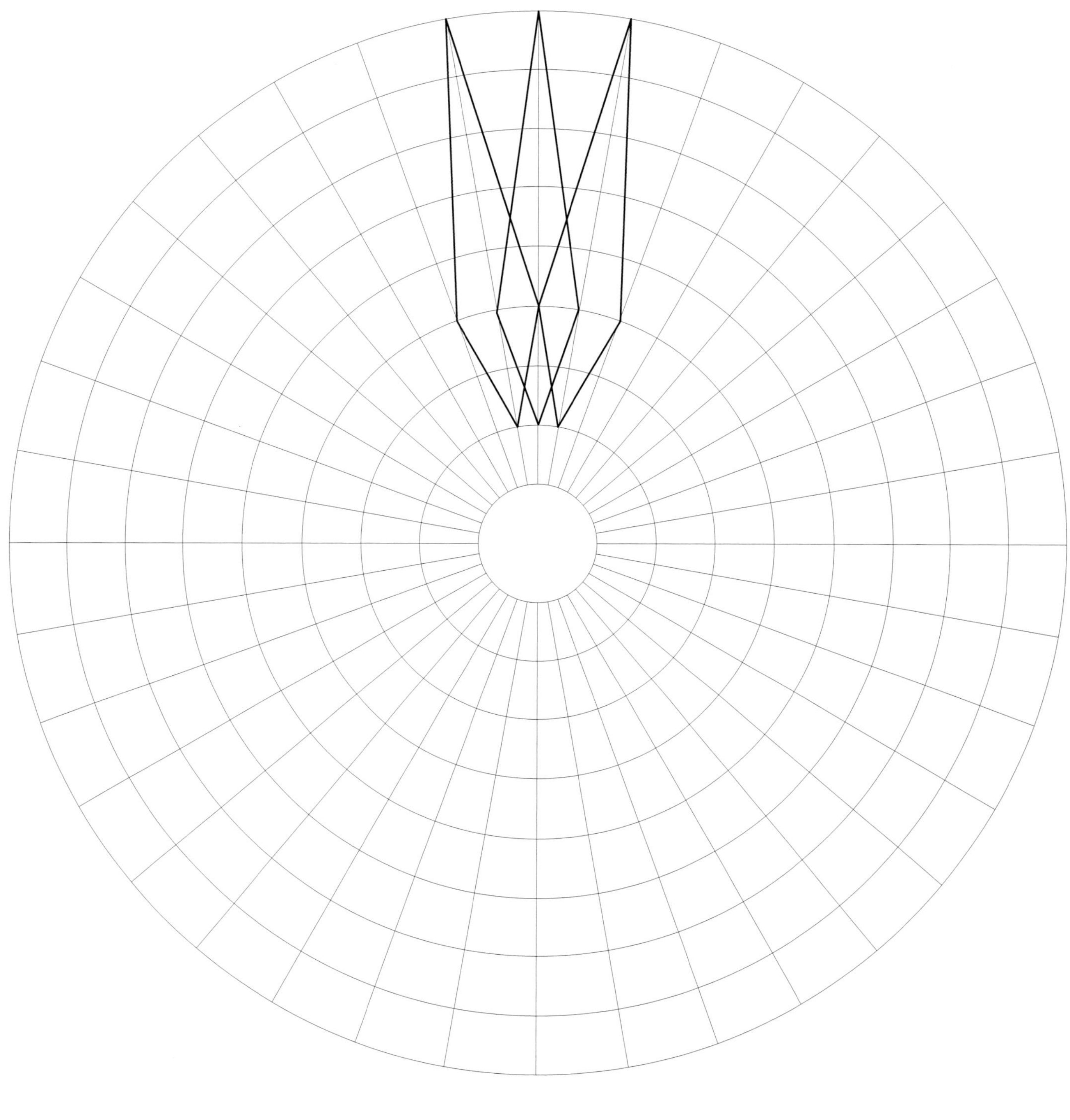

DREHEN UM 10°

Drehe die Figur um jeweils 10° weiter.
Male dein Bild in unterschiedlichen Farben aus.

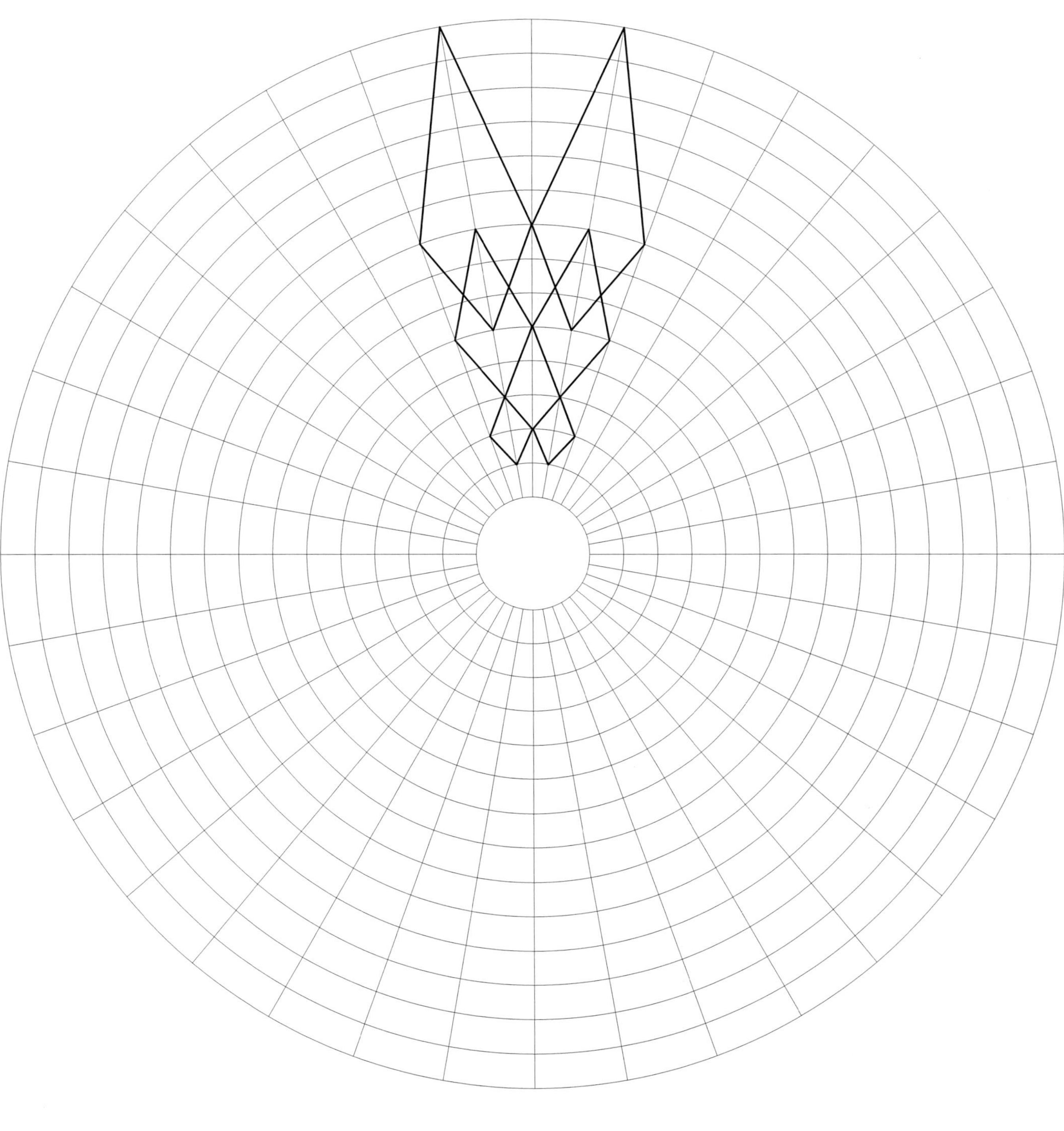

Drehe die Figur um jeweils 15° weiter. Male dein Bild aus.

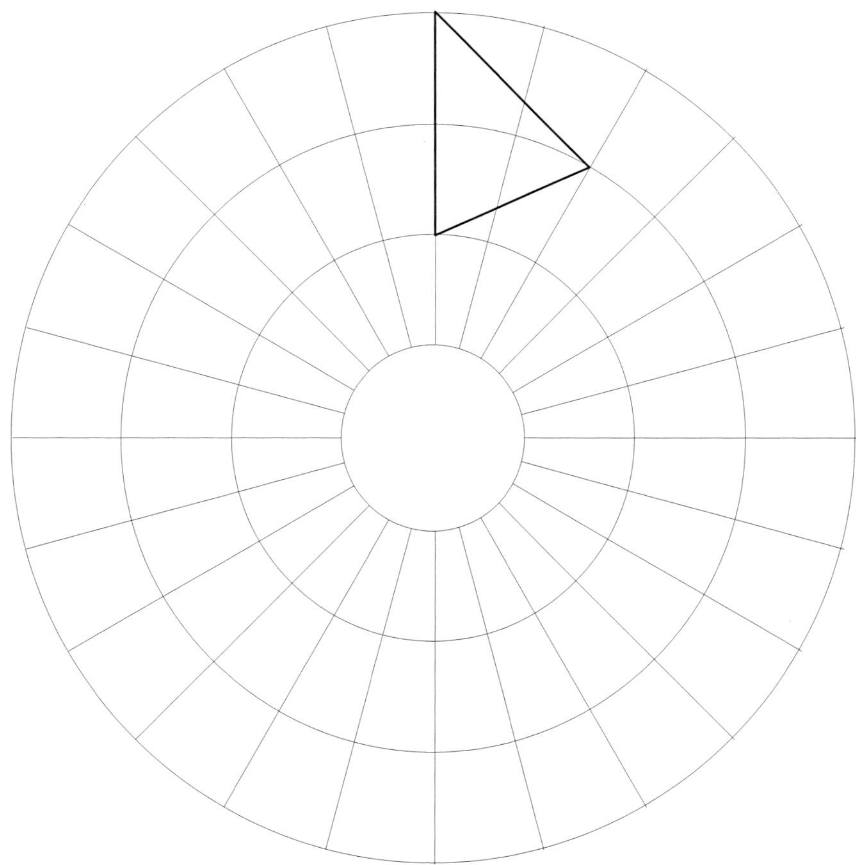

Drehe die Figur um jeweils 15° weiter. Male dein Bild aus.

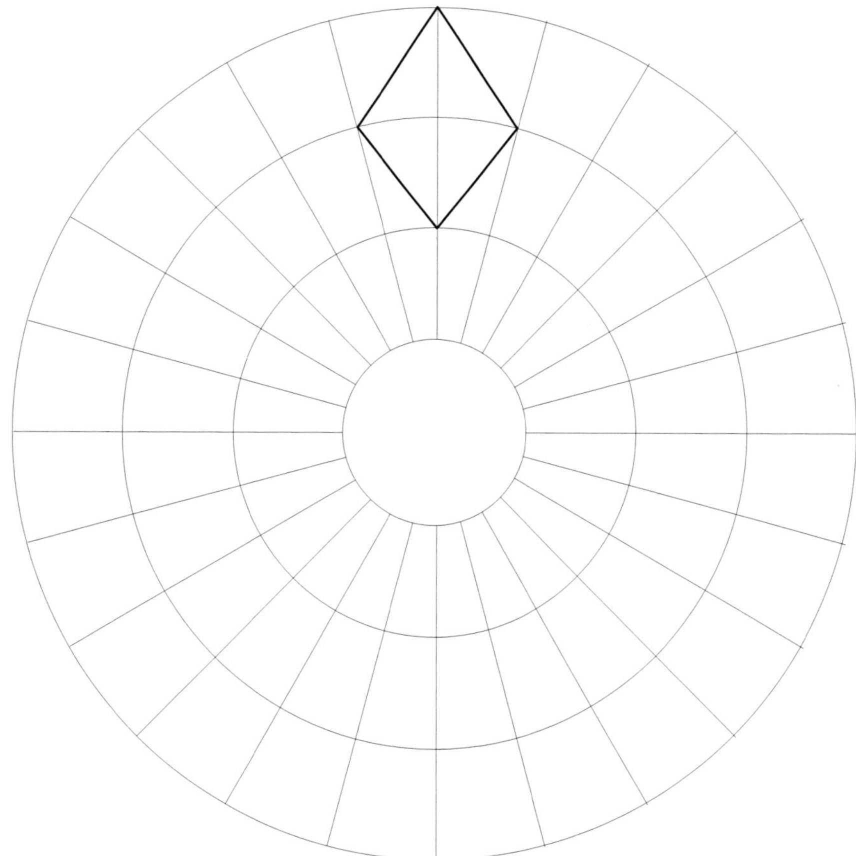

KOHL VERLAG Lernen mit Erfolg Basisfertigkeit Zeichnen – Geometrie Spiegeln, Parkettieren, Verschieben, Drehen ... – Bestell-Nr. 11 896

DREHEN UM 15°

Drehe die Figur um jeweils 15° weiter. Male dein Bild aus.

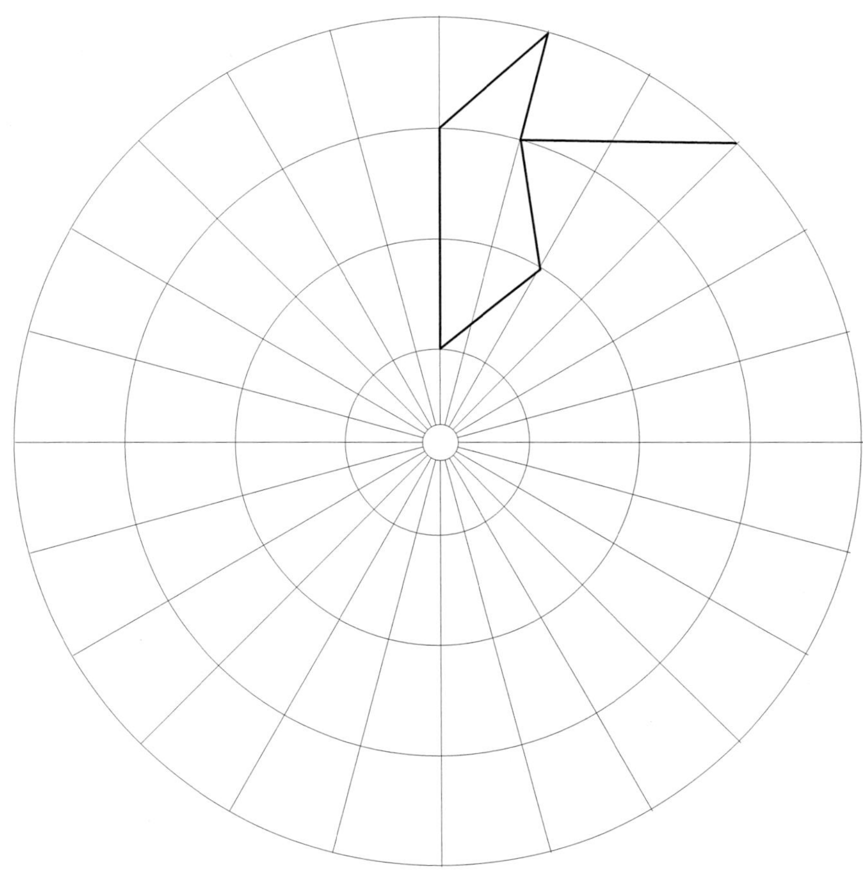

Drehe die Figur um jeweils 15° weiter. Male dein Bild aus.

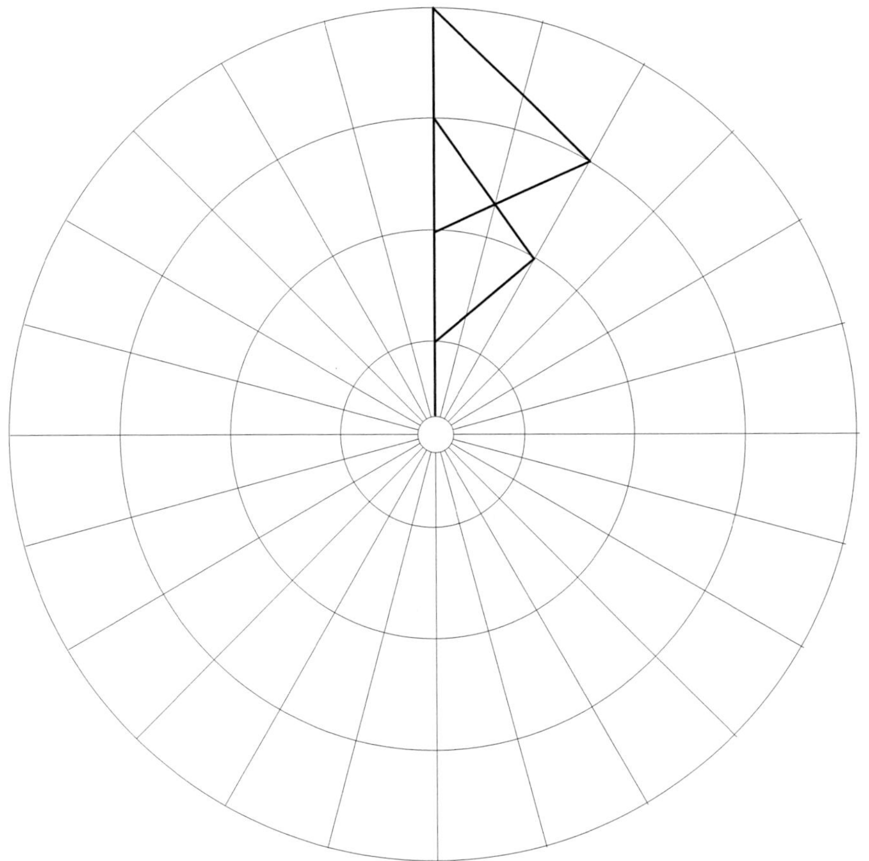

M

DREHEN UM 30°

Drehe die Figur um jeweils 10° weiter.
Male dein Bild in unterschiedlichen Farben aus.

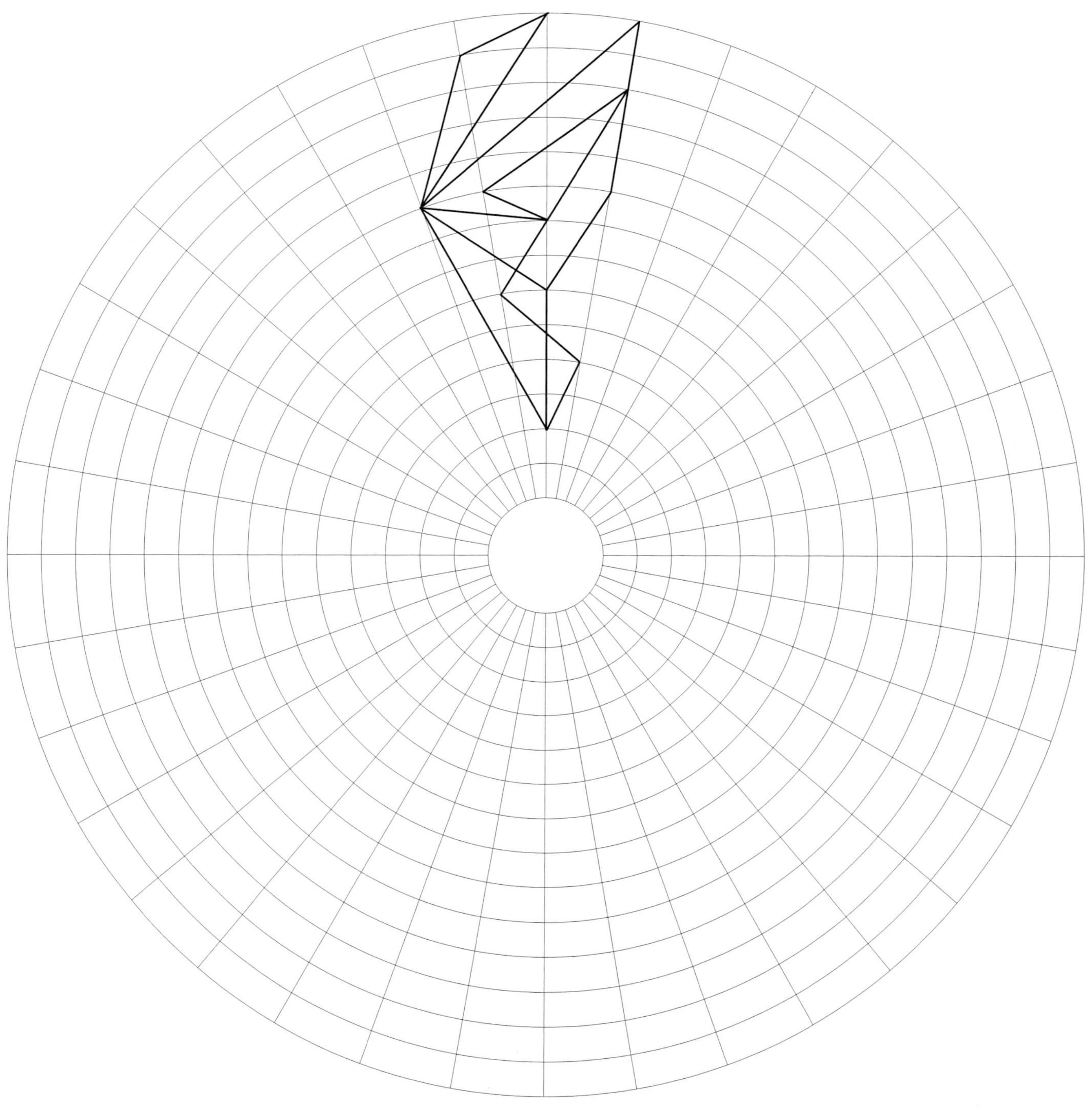

DREHEN UM 45°

Drehe die Figur im ersten Achteck um jeweils 45° weiter.
Übertrage die so entstandene drehsymmetrische Figur in
die anderen Achtecke. Mal in unterschiedlichen Farben aus.

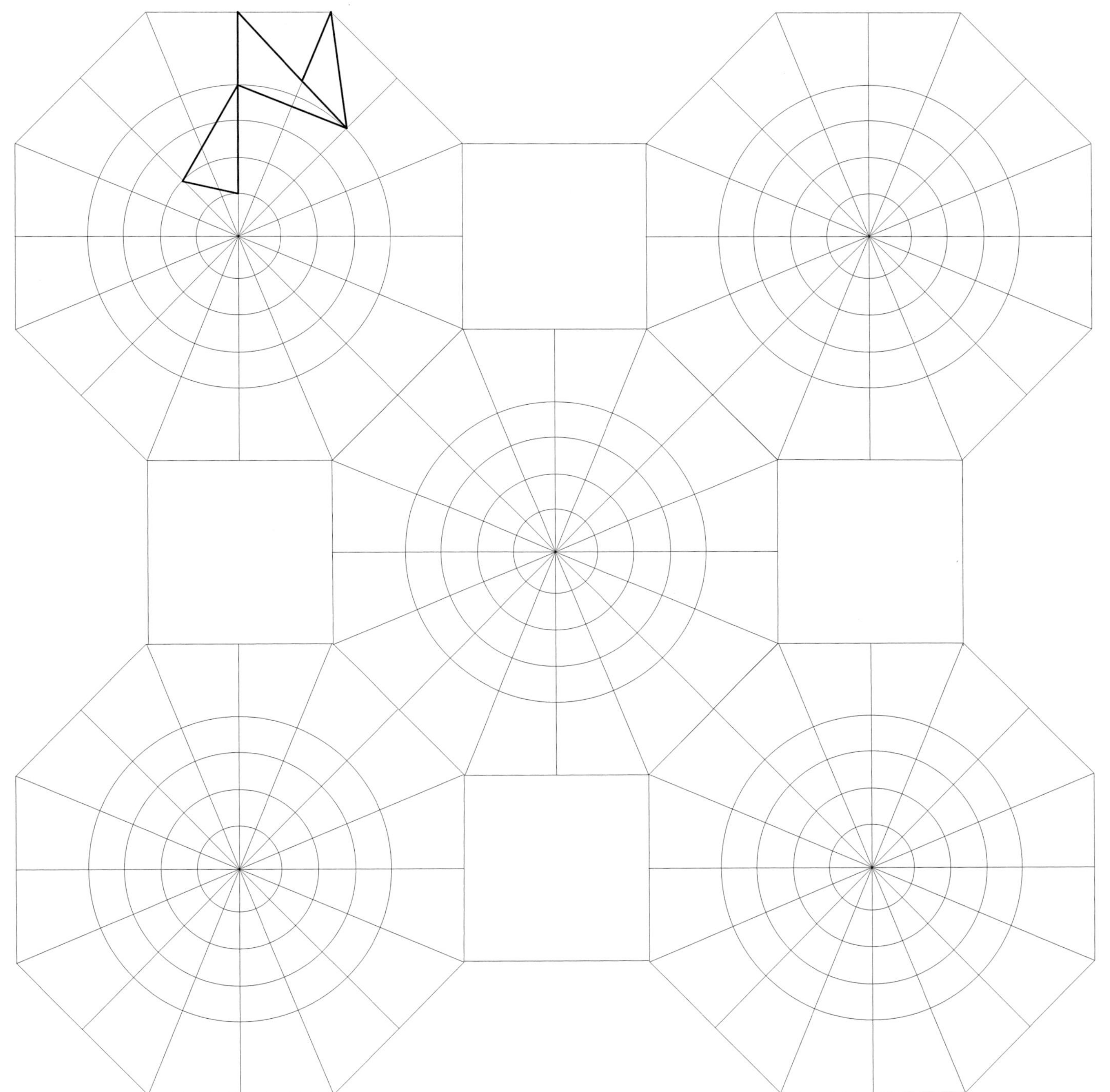

Entwickle eine eigene Figur (Beispiel S. 21), die du jeweils um ein Kästchen nach rechts verschiebst, bis die Reihe voll ist. Verschiebe die so entstandene Reihe zweimal um jeweils acht Kästchen nach unten. Male in unterschiedlichen Farben aus.

KOHL VERLAG Lernen mit Erfolg
Basisfertigkeit Zeichnen – Geometrie
Spiegeln, Parkettieren, Verschieben, Drehen ... – Bestell-Nr. 11 896

Entwickle eine eigene Figur (Beispiel S. 36), die du dann um den gekennzeichneten Punkt um 90°, 180° und 270° im Uhrzeigersinn drehst. Verschiebe den so entstandenen Block dreimal nach rechts, die dann entstandene Reihe dreimal nach unten. Male in unterschiedlichen Farben aus.

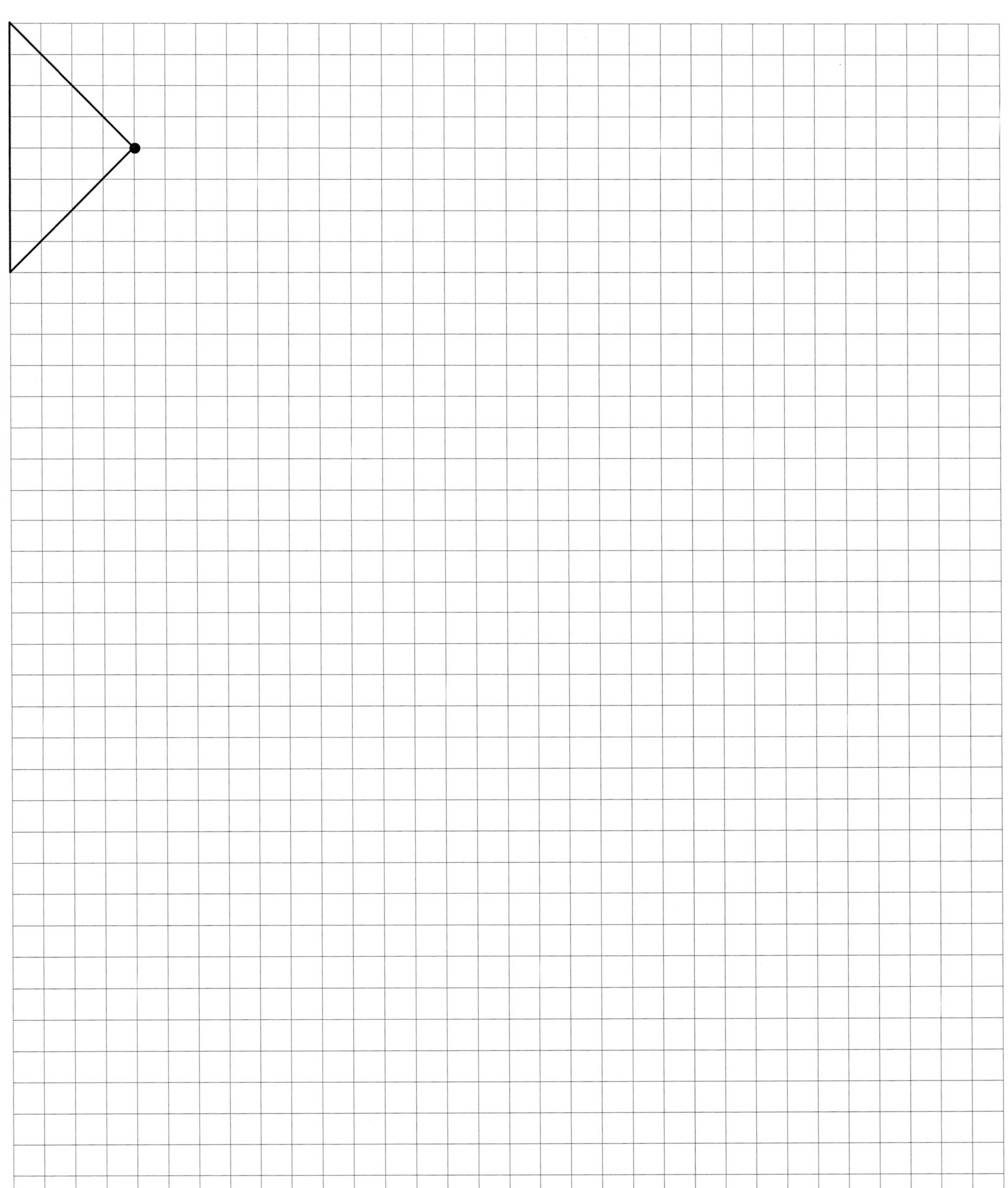

KOHL VERLAG Lernen mit Erfolg
Basisfertigkeit Zeichnen – Geometrie
Spiegeln, Parkettieren, Verschieben, Drehen ... – Bestell-Nr. 11 896

Entwickle eine eigene Figur, die du dann nach rechts und nach unten verschieben kannst, bis das Karomuster ganz gefüllt ist.
Male dein Bild farbig aus!

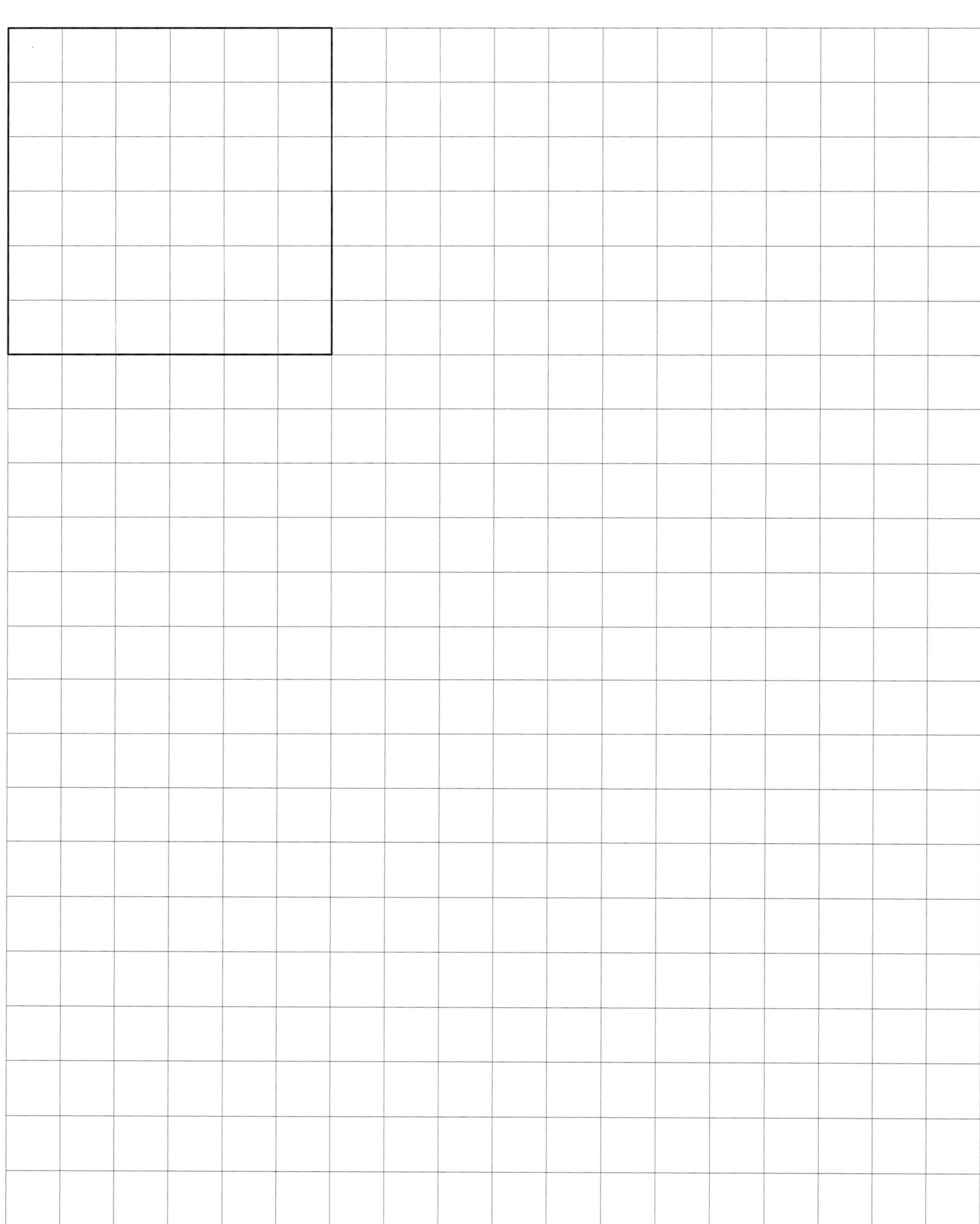

Entwickle ein eigenes Sternenmuster und übertrage es in die anderen Sechsecke.
Male in unterschiedlichen Farben aus.

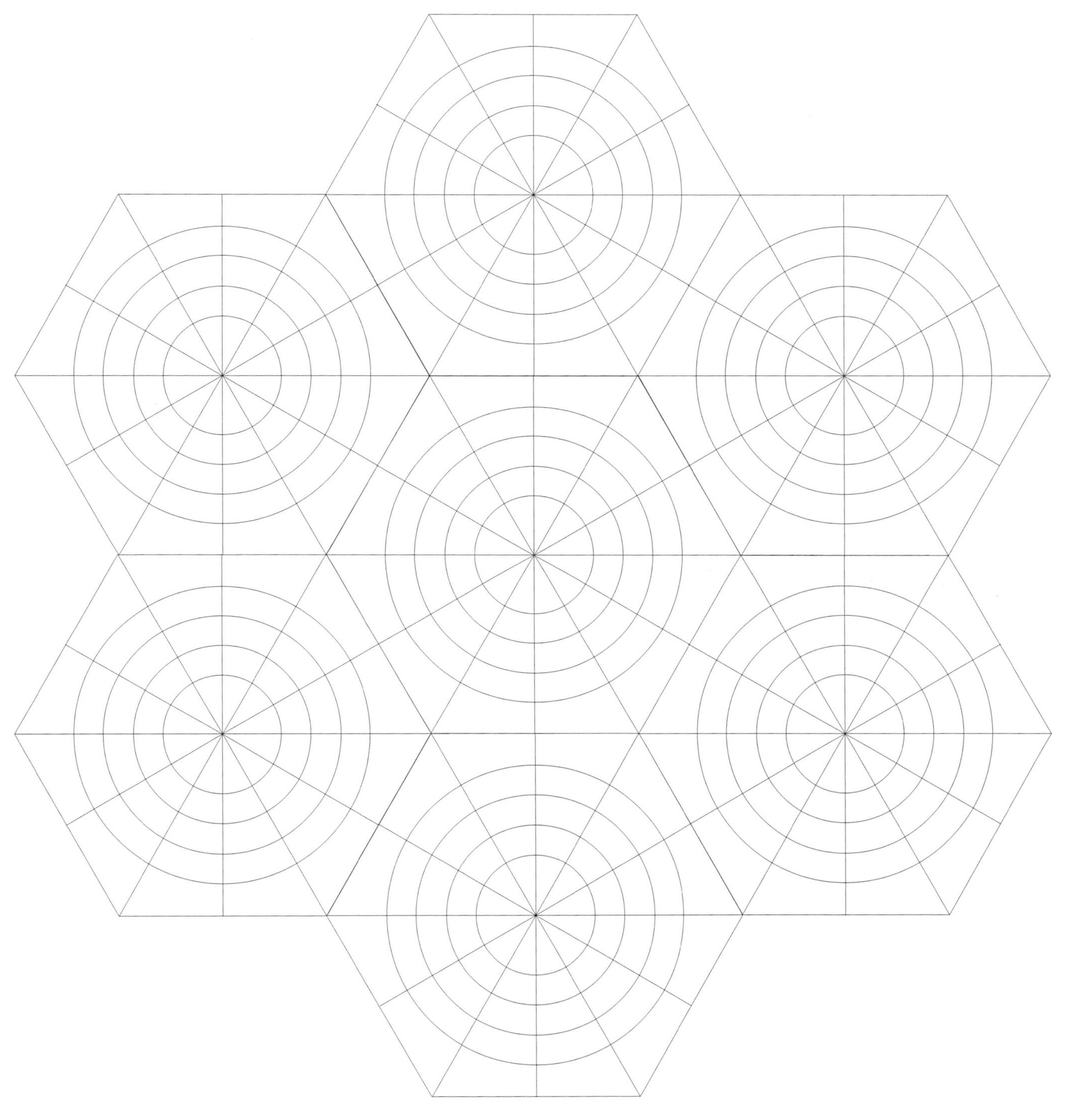

Entwickle ein eigenes Sternenmuster und übertrage es in die anderen Sechsecke.
Male in unterschiedlichen Farben aus.

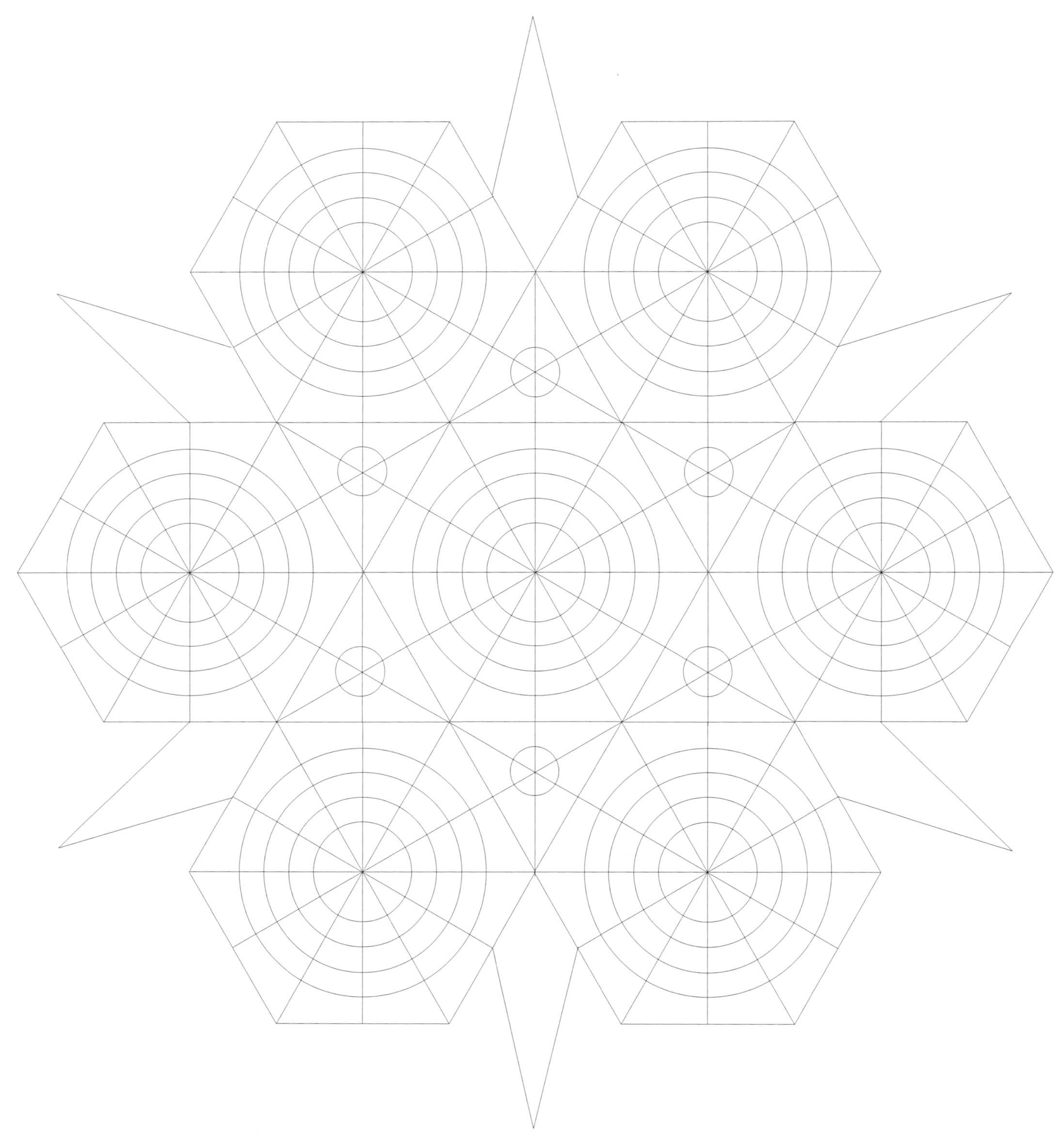

Entwickle ein eigenes Sternenmuster und übertrage es in die anderen Achtecke.
Male in unterschiedlichen Farben aus.

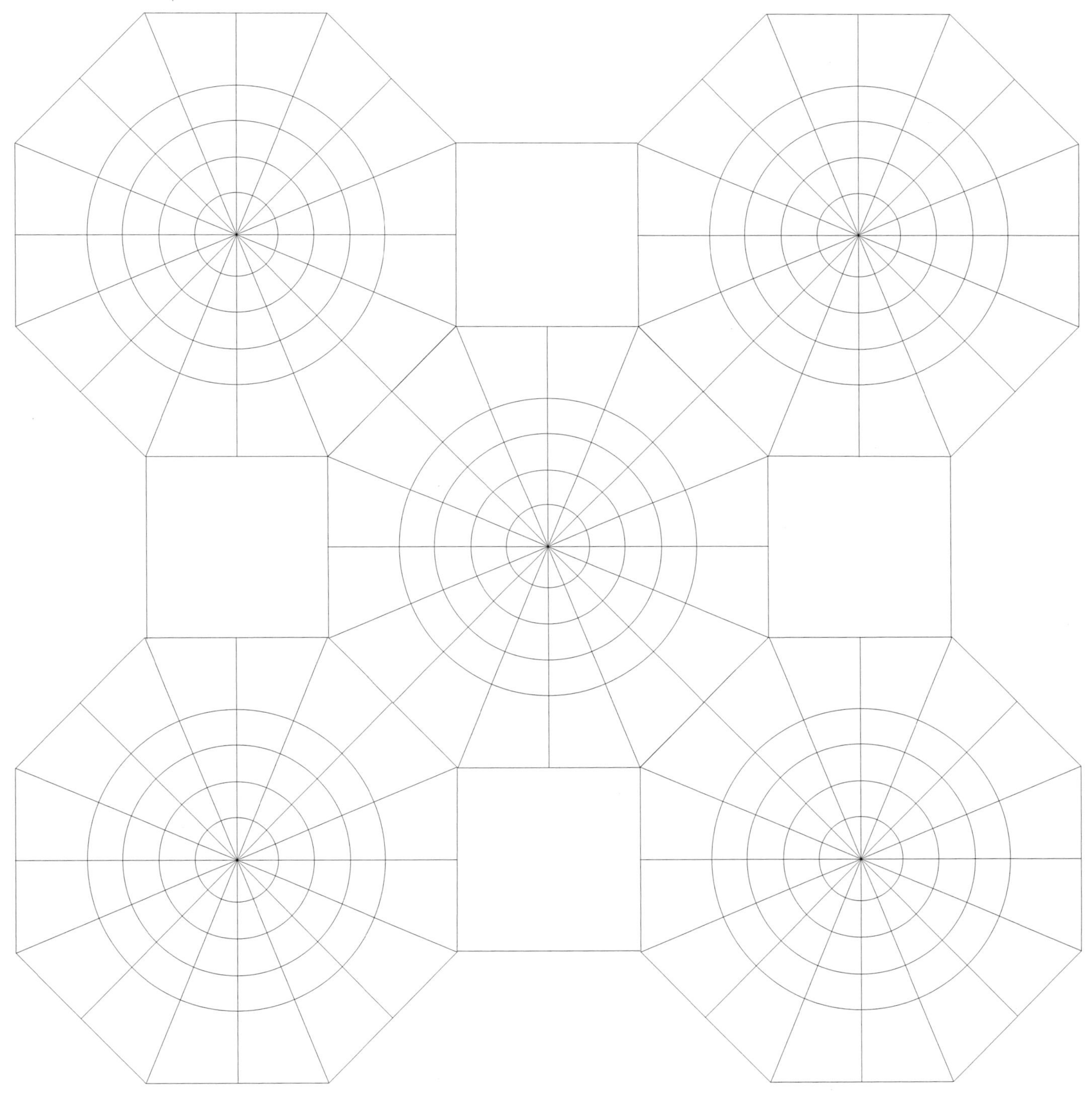

Entwickle deine eigene Figur, die du dann um jeweils eine bestimmte Gradzahl weiterdrehen sollst. Male dein Bild aus.

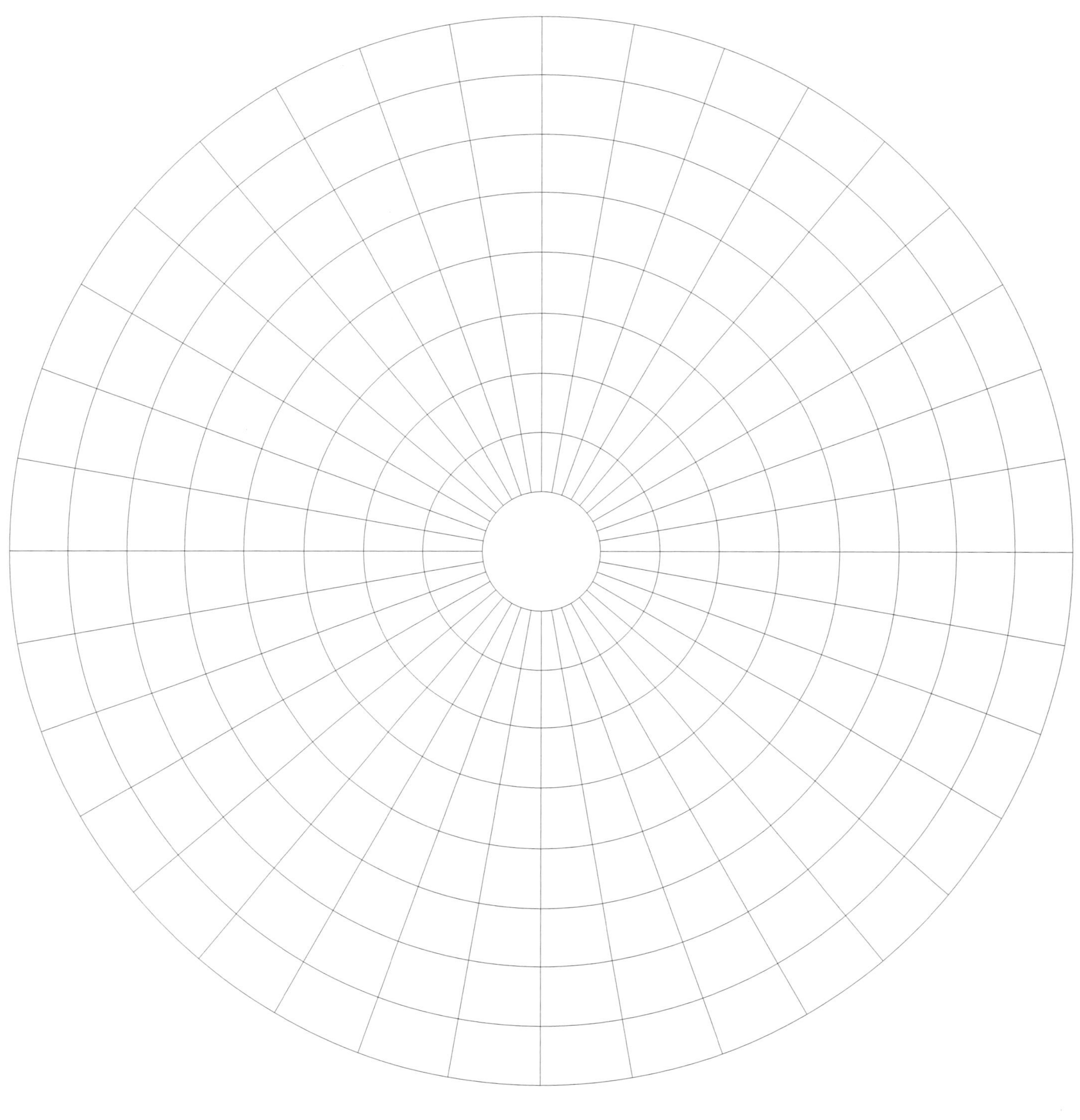

KOHL VERLAG Basisfertigkeit Zeichnen – Geometrie Spiegeln, Parkettieren, Verschieben, Drehen ... – Bestell-Nr. 11 896

Entwickle eine eigene Figur und drehe sie um 15° weiter.
Male dein Bild aus.

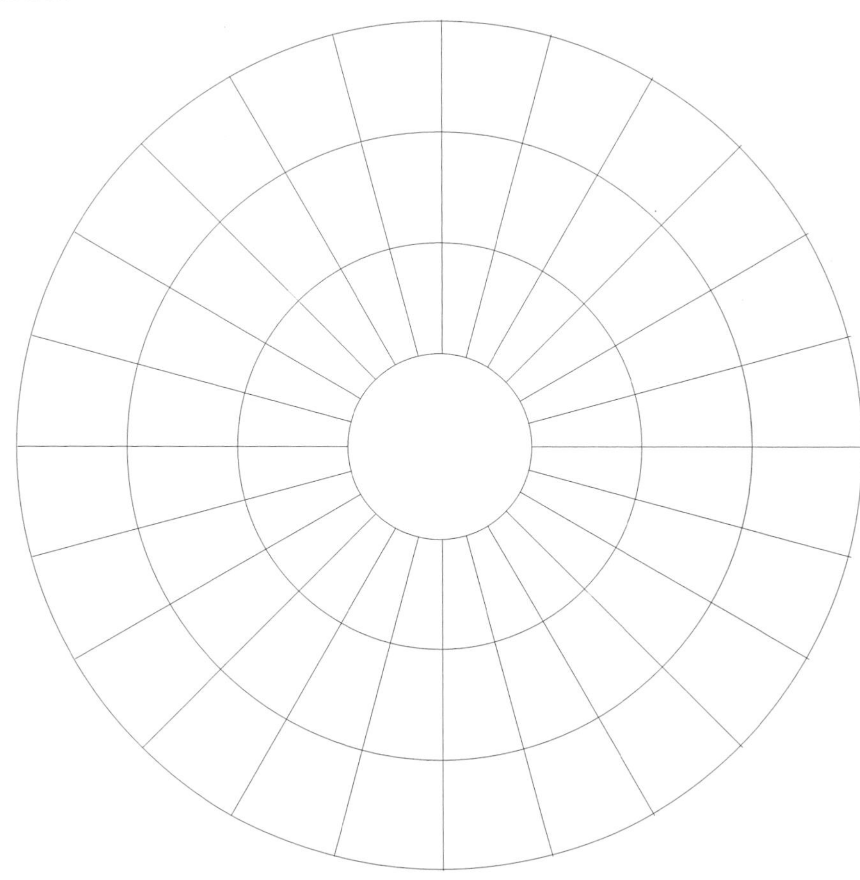

Entwickle eine eigene Figur und drehe sie um 15° weiter.
Male dein Bild aus.

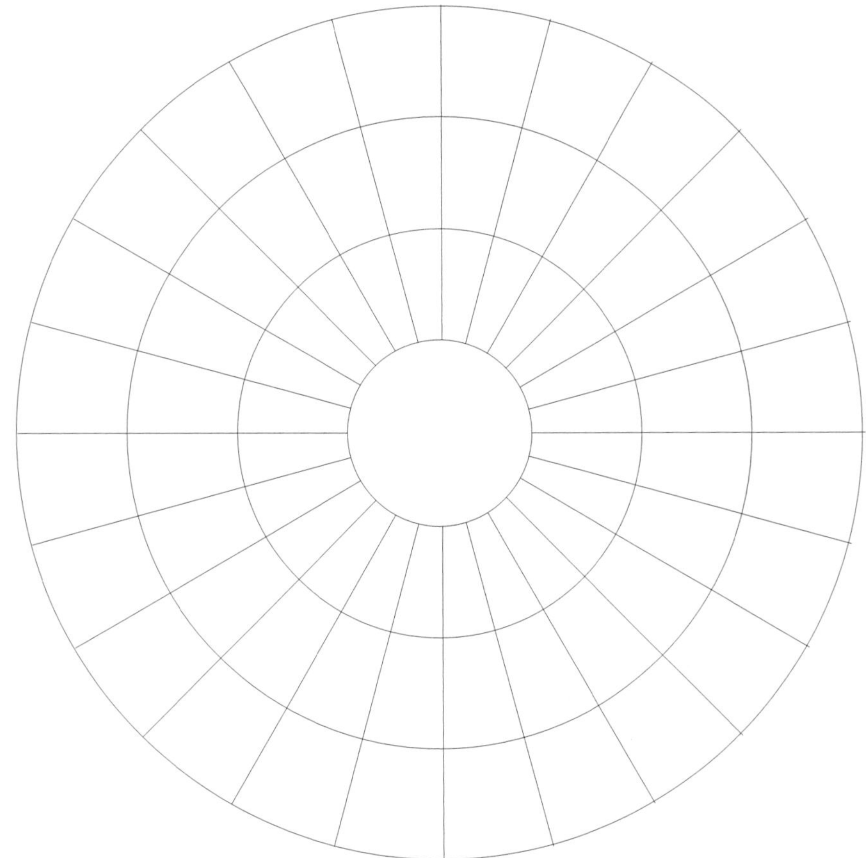

Entwickle eine eigene Figur, die du dann jeweils eine bestimmte Gradzahl weiterdrehen sollst. Male dein Bild aus.

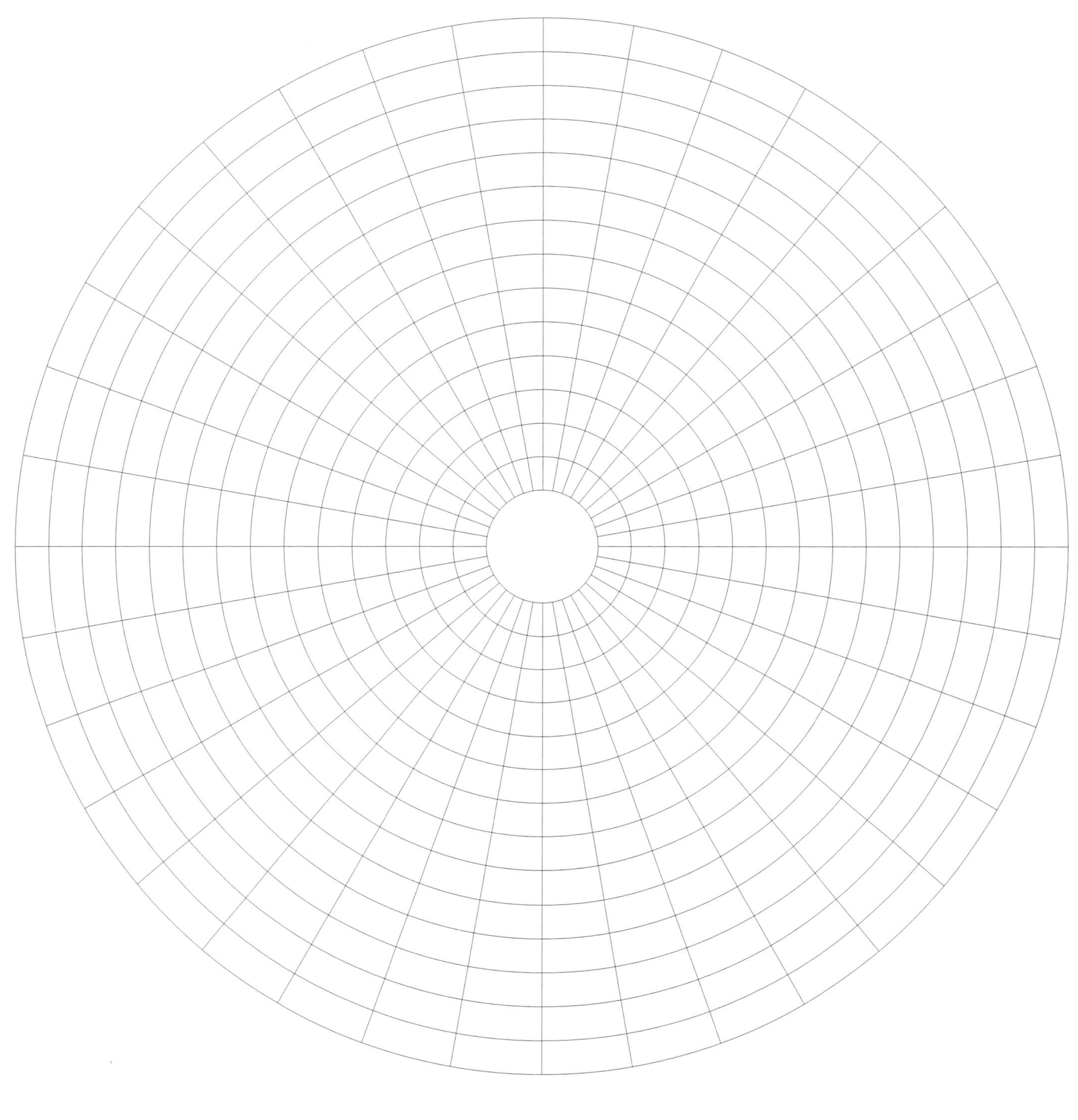